**História regional:
convergências entre
o local e o global**

O selo DIALÓGICA da Editora InterSaberes faz referência às publicações que privilegiam uma linguagem na qual o autor dialoga com o leitor por meio de recursos textuais e visuais, o que torna o conteúdo muito mais dinâmico. São livros que criam um ambiente de interação com o leitor – seu universo cultural, social e de elaboração de conhecimentos –, possibilitando um real processo de interlocução para que a comunicação se efetive.

# História regional: convergências entre o local e o global

Carlos Eduardo Zlatic

**EDITORA intersaberes**

Rua Clara Vendramin, 58 . Mossunguê . CEP 81200-170 . Curitiba . PR . Brasil
Fone: (41) 2106-4170 . www.intersaberes.com . editora@editoraintersaberes.com.br

*Conselho editorial*
   Dr. Ivo José Both (presidente)
   Dr.ª Elena Godoy
   Dr. Neri dos Santos
   Dr. Ulf Gregor Baranow

*Editora-chefe*
   Lindsay Azambuja

*Gerente editorial*
   Ariadne Nunes Wenger

*Preparação de originais*
   Gilberto Girardello Filho

*Edição de texto*
   Camila Rosa
   Palavra do Editor

*Capa*
   Débora Gipiela (*design*)
   Andrey_Kuzmin, autsawin uttisin e Min C. Chiu/Shutterstock (imagens)

*Projeto gráfico*
   Bruno de Oliveira

*Diagramação*
   Débora Gipiela

*Equipe de* design
   Débora Gipiela

*Iconografia*
   Maria Elisa Sonda
   Regina Claudia Cruz Prestes

Dados Internacionais de Catalogação na Publicação (CIP)
(Câmara Brasileira do Livro, SP, Brasil)

---

Zlatic, Carlos Eduardo
   História regional: convergências entre o local e o global/Carlos Eduardo Zlatic. Curitiba: InterSaberes, 2020.

   Bibliografia.
   ISBN 978-65-5517-679-7

   1. História local 2. História regional 3. Regionalismo I. Título.

20-37026     CDD-981

---

Índices para catálogo sistemático:
1. História regional    981

Cibele Maria Dias – Bibliotecária – CRB-8/9427

1ª edição, 2020.

Foi feito o depósito legal.

Informamos que é de inteira responsabilidade do autor a emissão de conceitos.

Nenhuma parte desta publicação poderá ser reproduzida por qualquer meio ou forma sem a prévia autorização da Editora InterSaberes.

A violação dos direitos autorais é crime estabelecido na Lei n. 9.610/1998 e punido pelo art. 184 do Código Penal.

# Sumário

11 *Apresentação*
15 *Como aproveitar ao máximo este livro*

Capítulo 1
19 **História e região**

(1.1)
21 História e geografia: diálogos interdisciplinares

(1.2)
31 O conceito de região e suas definições

(1.3)
45 História, espaço e paisagem

Capítulo 2
65 **História regional: definições, métodos e objetos**

(2.1)
67 História regional: surgimento e definições

(2.2)
78 Recortar o espaço, percorrer os arquivos: métodos
e problemas da história regional

(2.3)
90 A abordagem regional e sua aplicação

(2.4)
99 O ensino de história regional e suas potencialidades

Capítulo 3
115 **História local, história global:
diálogos, limites e alcances**

(3.1)
117 História local

(3.2)
126 Histórias em macroperspectiva

(3.3)
141 O local e o global: diálogos possíveis

Capítulo 4
**Economia, sociedade e cultura regional**

(4.1)
Economia regional: a região e o mundo

(4.2)
Sociedade regional: as relações sociais e o recorte espacial

(4.3)
Cultura regional: comportamentos e imagens de si

Capítulo 5
**Regionalismos, globalismos:
relações entre regional e nacional**

(5.1)
Territórios em modificação: globalização e globalismo

(5.2)
Estado-nação e nacionalismo

(5.3)
Nacionalismos e regionalismos

*Considerações finais*
*Referências*
*Bibliografia comentada*
*Respostas*
*Sobre o autor*

Aos meus avós paternos, Estevan Zlatic
e Rosa Galeriano Zlatic, que fizeram de uma
região o seu mundo, mas nunca deixaram de me
lembrar de que suas fronteiras não eram
as minhas. Ainda que seus olhos pedissem para
eu ficar, suas vozes diziam: "Vai, fíiu!".

# Apresentação

Prezado(a) leitor(a), esta obra tem por objetivo expor os caminhos teórico-metodológicos e as análises proporcionadas pela história regional, bem como os olhares voltados para a abordagem historiográfica do tempo e do espaço a partir da chave de leitura representada pelo conceito de região.

Ressaltamos aqui a importância do estudo sobre a história das regiões, territórios que estão presentes nos mais diversos aspectos da vida contemporânea – afinal, é nelas que se desenrolam nossas ações, nossos afetos, nosso trabalho e nosso lazer. O local nos envolve de maneira mais direta, sendo o palco de nosso cotidiano. Ocorre, contudo, que a emergência de novas tecnologias liquefaz as barreiras mais rígidas do tempo e do espaço, colocando-nos diante das possibilidades de vinculações e interesses globais.

Ora, mais do que qualquer outra pessoa do passado, você tem a experiência de viver em um mundo conectado na velocidade dos cabos e satélites que transmitem uma infinidade de dados. As notícias do outro lado do mundo lhe chegam tão rapidamente como as mensagens de seus amigos e familiares, ao som das notificações dos aplicativos estampados na tela de seu celular.

Essas inquietações próprias da relação entre o local e o global demandam abordagens historiográficas que atendam aos desafios de compreensão do tempo presente. Assim, a história regional propõe olhar para os recortes regionais a partir de suas especificidades, direcionando a atenção para a formação histórica do espaço em seus aspectos sociais, políticos, econômicos e sociais. De maneira indissociada dessas propostas, os historiadores não ignoram os movimentos globais, mas insistem na necessidade de afastar os determinismos dos modelos teóricos que pretendem ver a região como microcosmo ou mero fragmento do mundo.

Portanto, cientes das complexidades que envolvem a tarefa de compreensão da região em sua constituição interna e em suas relações externas, optamos por desenvolver uma linha de pensamento que parta da interdisciplinaridade entre os campos da história e da geografia, sem desprezar os contributos oferecidos também pela filosofia, pela sociologia e pelas ciências políticas. Essa escolha se justifica pela riqueza de abordagens propostas para o conceito de região pelos diversos campos das ciências humanas, o que comprova a centralidade desempenhada por esse espaço na vida do ser humano em suas diferentes temporalidades.

Assim, o conceito de região e os demais temas que perpassam os assuntos ao longo das páginas seguintes confluirão e contarão com as concepções apresentadas por historiadores, geógrafos, sociólogos, filósofos e cientistas sociais alinhados a distintas raízes de pensamento e a diferentes concepções metodológicas, desde a geografia humana, passando pela geografia crítica, pelo materialismo histórico e pelos representantes da nova esquerda inglesa e da escola dos Annales, até os pós-estruturalistas.

Tal gama de matizes teóricas sustentadas por pensadores das diversas áreas das ciências humanas não implica o risco de nos afastarmos da história. A historiografia será a linha mestra que nos guiará pelos assuntos tratados nesta obra, orientando nossas interpretações e as definições propostas para os conceitos contemplados, aspecto que nos é bastante caro neste livro.

Essa preocupação com os conceitos se deve ao fato de eles serem ferramentas centrais na operação historiográfica, visto que cumprem função fundamental como denominadores dos processos e fenômenos históricos, tornando inteligíveis as ações e tomadas de posição de sociedades, grupos sociais e sujeitos em seu devido contexto histórico, de modo a evitar os equívocos do anacronismo e das leituras enviesadas (Bloch, 2001; Certeau, 1979; Koselleck, 2006).

Todos esses cuidados se explicam pelo nosso intuito de proporcionar a você um conjunto de saberes e definições conceituais que possam lhe oferecer um panorama geral dos debates acerca da região e do entendimento do indivíduo no tempo e no espaço. Por meio dessa abordagem, pretendemos ainda lhe propiciar uma base segura, com a qual você poderá se lançar em novas leituras.

Para tanto, organizamos esta obra em cinco capítulos, cada qual com temas e objetivos específicos. No Capítulo 1, trataremos dos debates interdisciplinares estabelecidos entre a história e a geografia, um diálogo que tornou possível repensar o significado atribuído ao conceito de região no campo das ciências humanas, assunto igualmente abordado no capítulo em questão, assim como as relações entre o indivíduo, o tempo e o espaço, cristalizadas na paisagem que se apresenta diante de nossos olhos e que carrega os estratos temporais da ocupação humana sobre determinado território.

Em seguida, no Capítulo 2, discorreremos sobre as discussões teórico-metodológicas próprias da história regional. Examinaremos o surgimento do interesse historiográfico pelo tema regional e os possíveis entendimentos sobre a estruturação e o fortalecimento desse campo de pesquisa entre os historiadores acadêmicos. Depois, passaremos a explicar as noções centrais que competem ao método regional e constituem os potenciais de diálogo e alcance da história regional, assim como seus limites.

No Capítulo 3, aprofundaremos as reflexões a respeito da história local e da história global, analisando os possíveis diálogos entre essas duas vertentes historiográficas – questão que passa também pela compreensão da micro-história e de seu potencial de relacionar os âmbitos micro e macroanalíticos.

No Capítulo 4, retornaremos ao tema regional para então estudá-lo com base nos conceitos de economia, sociedade e cultura. A fim de cumprirmos com as demandas próprias desse debate, abordaremos regiões distintas do mundo entre os séculos XVI e XIX – com especial atenção aos contextos atrelados à história do Brasil –, mas sem desconsiderar os aspectos mais amplos inerentes ao contexto histórico que marcou aquelas centúrias. Assim, poderemos retomar os pressupostos de análise da história regional e aprofundar algumas das propostas interpretativas defendidas pelos historiadores que se dedicam à temática da região.

Por fim, no Capítulo 5, analisaremos as relações entre globalismo, nacionalismo e regionalismo e explicaremos conceitos como globalização e Estado-nação. Com isso, pretendemos lhe proporcionar um arcabouço conceitual essencial à compreensão de uma realidade histórica que, principalmente a partir do século XVIII, estruturou a vida da sociedade contemporânea, marcada pelo pertencimento e pela identificação do indivíduo ao Estado-nação.

Esperamos que este livro possa contribuir para sua formação acadêmica e humana, favorecendo a ampliação de seus conhecimentos sobre a história regional e renovando suas formas de interpretar o mundo a partir de sua própria realidade histórica.

# Como aproveitar ao máximo este livro

Empregamos nesta obra recursos que visam enriquecer seu aprendizado, facilitar a compreensão dos conteúdos e tornar a leitura mais dinâmica. Conheça a seguir cada uma dessas ferramentas e saiba como estão distribuídas no decorrer deste livro para bem aproveitá-las.

### Introdução do capítulo

Logo na abertura do capítulo, informamos os temas de estudo e os objetivos de aprendizagem que serão nele abrangidos, fazendo considerações preliminares sobre as temáticas em foco.

## Síntese

Ao final de cada capítulo, relacionamos as principais informações nele abordadas a fim de que você avalie as conclusões a que chegou, confirmando-as ou redefinindo-as.

## Atividades de autoavaliação

Apresentamos estas questões objetivas para que você verifique o grau de assimilação dos conceitos examinados, motivando-se a progredir em seus estudos.

## Atividades de aprendizagem

Aqui apresentamos questões que aproximam conhecimentos teóricos e práticos a fim de que você analise criticamente determinado assunto.

## Bibliografia comentada

Nesta seção, comentamos algumas obras de referência para o estudo dos temas examinados ao longo do livro.

Capítulo 1
História e região

Para que possamos adentrar as questões levantadas pela história regional e muitos dos outros temas que serão examinados ao longo das páginas seguintes, é importante darmos um primeiro passo no sentido de elucidar as relações estabelecidas entre a história e a geografia no campo dos vários saberes, entre eles o conceito de região, assim como o emaranhado das ações humanas no tempo e no espaço que avivam esses recortes territoriais.

Este será nosso primeiro desafio: partir de um conjunto de noções abstratas para nos aproximarmos das visões mais palpáveis sobre como história, geografia, região, paisagem, tempo e espaço estão presentes na experiência vivida pelos indivíduos do passado e do presente, preenchendo seus cotidianos. Esperamos que, após a leitura deste capítulo, você tenha um novo olhar sobre as concepções de espaço e tempo.

## (1.1)
## História e geografia:
### diálogos interdisciplinares

O que é história? Essa indagação pode surgir em meio a uma aula de História ou em uma conversa qualquer com alguém que se interesse pela tema. A reposta muitas vezes é buscada na famosa definição proposta por Marc Bloch (2001, p. 55): "'Ciência dos homens'. É ainda vago demais. É preciso acrescentar: 'dos homens, no tempo'".

A intenção do historiador francês era se contrapor à ideia de que "A história é a ciência do passado" (Bloch, 2001, p. 52). Os que pensavam dessa maneira são comumente enquadrados como representantes da **escola positivista**, defensores de uma ideia de história pautada no estudo e na reconstrução do passado, tal como ele ocorreu, fundamentada em documentos históricos. Esses estudiosos julgavam ser possível compreender os tempos anteriores apenas seguindo aquilo que constavam nos registros dos indivíduos que vieram antes deles.

Essa ressalva é importante para que possamos atentar para o fato de que, interessado em se opor à ideia dos positivistas, Bloch (2001) anunciou a história como uma ciência que pensa o ser humano e o tempo, mas não apenas o passado – também o presente e o futuro. Embora o referido historiador não tenha mencionado diretamente, existe outro elemento essencial para pensarmos essa ciência dos homens: o espaço.

Ora, ninguém pode agir fora de um lugar. Pensemos em um exemplo bem rotineiro e cotidiano para tornar essa ideia mais compreensível. Alguém acorda às seis da manhã em seu quarto, levanta-se da cama, vai passando pelos vários cômodos da casa e faz suas atividades rotineiras (tomar banho, vestir-se etc.) para o dia que está começando. Ao sair de casa – talvez por volta das sete horas – para chegar ao trabalho às oito horas, pode fazer o trajeto a pé, de bicicleta, carro, moto ou ônibus, entre outras possibilidades; mas, independente do meio de transporte, essa pessoa se locomoverá de um lugar para outro. Os afazeres laborais podem exigir deslocamentos, assim como o almoço pode ocorrer fora do espaço para o qual ela deve retornar após o intervalo. Finalizado o expediente, ela volta à sua casa ou, talvez, antes disso se encaminhe para uma sala de aula, um supermercado, um banco ou qualquer outro local.

Distanciando-nos desse exemplo simplório, queremos observar que o ser humano só pode ser pensando historicamente se está enquadrado em seu devido tempo e espaço. Não basta pensar no ano, no século ou no milênio em que determinados homens, mulheres e crianças viveram para entender sua história; é preciso compreender onde e como viveram: suas casas, sua cidade, o Estado, o país e as características sociais de cada um desses lugares. Esse é um desafio caro ao tema deste livro e será um assunto sempre presente nas próximas páginas. Por isso, é mandatória a compreensão da importância da interdisciplinaridade entre história e geografia, além de outros campos das ciências humanas, para a investigação e o entendimento da realidade histórica das diversas regiões nas quais as comunidades humanas se inserem.

A percepção dos indivíduos diante do território que os cerca, bem como a relação entre o que hoje entendemos como história e geografia para perceber sua própria realidade entre o tempo e o espaço territorial são fenômenos constatados desde a Antiguidade. Nesse sentido, podemos recorrer ao exemplo oferecido por Tucídides (ca. 460 a.C.-395 a.C.), historiador e cidadão de Atenas que, interessado em registrar os acontecimentos que originaram a Guerra do Peloponeso, construiu uma análise centrada nas ações dos indivíduos e em seus impulsos por poder e riqueza.

Em seus relatos sobre a Guerra do Peloponeso, Tucídides (2001, p. 1) inicia sua importante obra mostrando as relações entre a história e a geografia. Preocupado em comprovar que os conflitos entre os peloponésios – habitantes da região do Peloponeso – e os atenienses eram mais relevantes que todos os outros, haja vista os recursos mobilizados para aquela guerra, o historiador afirma que, nos tempos passados, a região da Hélade – termo usado por aqueles homens para se referirem à Grécia – não era povoada, mas passou a ser depois que diferentes povos, forçados pelo avanço de outras tribos, a ocuparam, se instalaram nela e ali produziram seus alimentos. Essa ocupação não se desenvolveu sem conflitos entre os povos que iam se assentando sobre aquele espaço, ávidos por manter suas condições de sobrevivência, como narrado por Tucídides (2001, p. 1):

> Os recursos mais consideráveis que se acumularam em algumas regiões em decorrência da fertilidade de suas terras ocasionaram divergências internas que as arruinaram, e ao mesmo tempo as tornaram mais expostas à cobiça de tribos alienígenas. A Ática, sem dúvida, esteve livre de disputas locais, graças à aridez de seu solo, e portanto foi habitada sempre pela mesma gente desde épocas remotas.

Esse trecho é interessante para observarmos a relação entre a história e a geografia na abordagem de Tucídides. Segundo o historiador, o fato de algumas terras serem mais férteis que outras gerava vários confrontos que arruinavam os povos dessas regiões, ao passo que a Ática, aparentemente comprometida pela severidade de sua condição geográfica, acabou ficando livre desses enfrentamentos. Dessa forma, a constituição dos solos e, por consequência, seu potencial de produção de alimentos são fatores indispensáveis para a compreensão dos homens, de sua natureza e de suas ambições.

Como bem nota José D'Assunção Barros (2017), Heródoto (ca. 485 a.C.-425 a.C.) pode ser citado como um exemplo ainda mais notável quando se trata de adentrar a geografia física, tendo demonstrado interesse pelo solo – suas cores, sua composição e seus sedimentos – onde se assentam as ações dos sujeitos.

Avançando alguns séculos, vemos que, para o muçulmano Ibn Khaldun (1332-1406), a história e a geografia do Oriente se encontravam emaranhadas. O historiador refletiu sobre a temporalidade e a espacialidade recorrendo à economia, à astrologia, à matemática e ao direito, entre outros assuntos (Barros, 2017). Ainda a esse respeito, Elaine Cristina Senko (2012) chama a atenção para o fato de que o interesse de Ibn Khaldun pela matéria geográfica não era uma singularidade entre os pensadores islâmicos. Sob essa ótica, o historiador teria recorrido aos escritos do geógrafo muçulmano Idrissi, ou a outros ainda mais antigos, como os de Ptolomeu, para melhor compreender os fenômenos sociais (Senko, 2012).

Ao longo do período moderno, o conhecimento sofreu um aprofundamento de seus campos e saberes, o que representou um maior afastamento entre a história e a geografia. A partir do século XIX, essa distância se tornou mais nítida, já que ambas as ciências ficaram atreladas aos interesses ideológicos dos Estados-nação, que pouco a pouco se consolidavam na Europa. Em crítica a um modelo de ensino francês, Yves Lacoste (2012) afirma que a geografia não tem tido um sentido prático na vida dos alunos e em sua relação com o espaço, problema que estaria ligado ao modo como a disciplina foi instaurada no século XIX: voltada apenas para tratar do território nacional e de suas fronteiras como o berço do povo e de uma nação, fomentando um patriotismo útil à elite política. Acompanhando esse raciocínio, Barros (2017) aponta que a história passou a ser entendida como defensora da documentação e da memória dos países, em busca de oferecer explicações para a história de um povo de modo a produzir um sentimento de partilha de um mesmo passado em prol da coesão nacionalista.

Ainda de acordo com Barros (2017), o século XX produziu uma maior diferenciação das tarefas de trabalho e, por consequência, aprofundou ainda mais a especialização dos saberes; a história e a geografia tinham a função de orientar a população no tempo e no espaço, entendidos como dimensões separadas, com o intuito de controlar os projetos nacionais. Contudo, seria um erro imaginar que apenas as pretensões de controle do Estado prevaleceriam. Diversos pensadores dos campos das ciências humanas se propuseram a questionar a separação entre o território e as temporalidades, contribuindo para formas de interdisciplinaridade que tornaram possível o surgimento da geografia humana e da geo-história.

A abordagem da geografia humana está diretamente associada ao nome de Paul Vidal de La Blache, que viveu entre o final do século XIX e o início do século XX. O geógrafo ofereceu importantes contribuições para a disciplina de geografia, na França. Envolvido pelo contexto de descobrimentos e da colonização de várias partes do globo pelos europeus e pelas ideias darwinistas a respeito da evolução da fauna e da flora em relação ao meio natural, La Blache (2012) procurou pensar o ser humano em sua relação com o território e as possibilidades e limitações que a geografia impõe à formação das civilizações. Desse modo, o autor define sua abordagem geográfica da seguinte maneira:

> a Geografia humana merece esse nome porque estuda a fisionomia terrestre modificada pelo homem; nisso ela é geografia. Ela não considera os fatos humanos senão em sua relação com a superfície onde se desenvolve o variado drama da ocorrência dos seres vivos. Há, portanto, fatos sociais e políticos que não entram em sua competência ou que a ela se ligam muito indiretamente; não há espaço para incorporá-los. A despeito dessa restrição, ela mantém inúmeros pontos de contato com essa ordem de fatos. (La Blache, 2012, p. 104)

Com base nessa proposta, La Blache (2012) observa a formação da sociedade em diálogo com as características do local – clima, vegetação, relevo, potencial de implantação e rendimento do solo – sobre o qual uma civilização se constitui, sem ignorar que não é apenas a geografia que colabora para a organização humana, mas também as formas de cultura que orientam os povos em sua relação com o meio. Em último caso, o geógrafo francês estava interessado sobretudo na relação entre o indivíduo, o tempo e o espaço, questão que passou igualmente a despertar a atenção dos historiadores, em especial de dois dos mais conhecidos representantes da escola dos Annales: Lucien Febvre e Fernand Braudel.

No ano de 1922, Febvre publicou a obra *A Terra e a evolução humana*. Logo na introdução do livro, o autor lança um olhar retrospectivo para a relação entre a história e a geografia desde os pensadores da Antiguidade até os da Idade Moderna. Indo de Hipócrates a Montesquieu, ele os critica por suas visões demasiadamente deterministas do meio sobre os indivíduos, como se bastasse pensar que o clima ou o solo fossem suficientes para explicar a formação das sociedades e as ações dos homens. Também por esses motivos, Febvre (1955) diverge do modelo explicativo alemão – expresso pela figura do geógrafo e etnólogo Friedrich Ratzel –, para se aproximar de seu conterrâneo Paul Vidal de La Blache, a quem chamava também de *historiador*, buscando nele uma abordagem que denominou *possibilista*. Nessa abordagem, entendem-se o ser humano e a natureza como grandezas em relação constante, sem considerar as forças naturais como pressões que moldariam os homens ao meio, como se as capacidades humanas pouco pudessem fazer diante do que a Terra lhes oferece (Febvre, 1955).

Orientado por essas preocupações e aproximando-se da geografia humana de La Blache, Febvre (1955) argumenta que se conheciam poucos detalhes sobre a real influência do meio geográfico sobre as sociedades humanas, pois a geografia ainda estava se constituindo como campo científico nas primeiras décadas do século XX e não poderia oferecer respostas prontas. Diante disso, o geógrafo francês propôs evitar qualquer imposição geral do tempo ou do espaço sobre os indivíduos, sendo mais interessante instaurar uma constante troca de saberes entre os historiadores e os geógrafos para compreender quais são as relações entre as características territoriais de uma área e a civilização que se instala sobre essa terra.

O ser humano é o agente geográfico. Seu trabalho ao longo dos séculos, juntamente com a audácia de suas iniciativas – individuais ou coletivas –, torna-o responsável pela modificação da superfície terrestre. Essa ação humana sobre o meio é a problemática que pertence à geografia, porém quem busca entender a ação das condições geográficas sobre as estruturas sociais pode correr o risco de se perder ao atribuir um valor determinante ao elemento geográfico, iludindo-se ao acreditar que essa seria a causa das configurações de uma sociedade. Em vez disso, seria mais proveitoso inverter os termos desse raciocínio e, antes, questionar como um conjunto geográfico pode ser compreendido por meio da história, ou seja, pela ação contínua de um grupo sobre determinado espaço ao longo do tempo (Febvre, 1955).

Sob essa ótica, segundo François Dosse (1992), as novas possibilidades de pensar as questões geográficas pela história foram efetivamente realizadas apenas por Fernand Braudel, que, depois de definir o tema de sua tese e buscar as orientações de Lucien Febvre, não apenas aceitou as direções de seu mestre para sua investigação sobre o Mediterrâneo, como também se tornou o principal continuador e herdeiro de Febvre, fazendo nascer um ramo de pesquisa chamado de *geo-história*.

Ainda de acordo com as interpretações de Dosse (1992), as influências do pensamento de Vidal de La Blache e de Lucien Febvre levaram Fernand Braudel a partir do espaço geográfico como chave de leitura para entender o Mediterrâneo de Filipe II, as estruturas econômicas e o conceito de economia-mundo, assim como as movimentações dos homens e dos mercados. Em sua forma entender a sociedade, Braudel considera que o homem não fica restrito somente ao tempo da humanidade e de suas formas culturais de pensamento; é preciso levar em conta também o regime dos climas e das marés, a riqueza ou pobreza do solo, a topografia de vales e montanhas. Em suma, trata-se de "um olhar mais espacial do que temporal" (Dosse, 1992, p. 136), como definido pelo próprio Braudel (1981, p. 116) a respeito de sua concepção de civilização:

> *Uma civilização é, em primeiro lugar, um espaço, uma «área cultural», [...]. O agrupamento regular, a frequência de certos traços e ubiquidade destes constituem, numa área precisa, os primeiros sintomas de uma coerência cultural. Se a esta coerência, no espaço, acrescentarmos uma permanência, no tempo, chamo civilização ao conjunto, ao «total» do repertório.*

Essa preocupação com o espaço e a formação das civilizações é um traço essencial de Fernand Braudel, presente em toda a extensão de sua monumental obra *O Mediterrâneo e o mundo mediterrâneo na época de Felipe II*, publicada originalmente em 1949. Ao abordar a relação entre as dimensões do Mediterrâneo e das civilizações que se constituem em torno dele, Braudel (2016) chama a atenção para o fato de que as distâncias eram muito mais difíceis de serem percorridas no século XVI do que no século XX, o que levava o homem do início do período moderno a depender ainda mais das variações da natureza, fosse por terra – uma nevasca, uma tempestade –, fosse por mar – tormentas, marés.

Apesar das inovações propostas por Fernand Braudel para a interdisciplinaridade entre história e geografia, sua abordagem não é isenta de críticas. Para François Dosse (1992), a visão braudeliana perdeu em dinâmica ao colocar os aspectos geográficos como determinantes para a formação das sociedades, incorrendo justamente no determinismo que era criticado pelo seu mestre, Lucien Febvre. Assim, o espaço e suas características foram tomados como o motivo primeiro para a compreensão da história, encobrindo-se os aspectos políticos.

A crítica dirigida por Dosse a Braudel foi a de que este teria insistido em entender a "geografia como ciência do espaço das sociedades mais do que como ciência dos meios naturais e das paisagens", desconsiderando as renovações interpretativas suscitadas pelos debates no interior do campo dos estudos geográficos (Dosse, 1991, p. 139). Conforme Afonso de Alencastro Graça Filho (2009, p. 43), na segunda metade do século XX, a geografia social experimentava uma renovação, representada pela crítica ao reducionismo das relações sociais ao meio geográfico, propondo, antes, a ideia de que as configurações do espaço seriam estruturadas pelas ações dos homens, o que significava dizer que a reprodução social, as formas simbólicas e as práticas de poder da humanidade teriam implicações na organização territorial. Essas são algumas das premissas que orientam a geografia pós-moderna.

As possibilidades pós-modernas de pensar a geografia receberam contribuições de pensadores distintos, entre os quais podemos citar o nome de Michel Foucault. O filósofo propôs dar nova vida à noção de espaço, retirando-a de seu entendimento estanque e imóvel, para observar suas relações com os homens ao longo do tempo. Assim, o tempo da história e o espaço da geografia não seriam demarcações separadas, mas dimensões imbricadas. Nesse sentido, Foucault (1982) chegou a negar que determinadas noções – como as de campo, domínio, solo, região e horizonte – estivessem vinculadas apenas ao saber geográfico. Assim, elas poderiam ser relacionadas não só a entendimentos econômicos, jurídicos, políticos, fiscais, administrativos e militares, mas também aos discursos que se formavam em torno das regiões e as definiam (Foucault, 1982).

Como podemos perceber, desde o início do século XX, as nascentes ciências da história e da geografia percorreram um caminho cada vez mais importante para a compreensão da vida dos homens em sua relação com o espaço natural, oferecendo explicações complexas por meio da elaboração de ideias a partir de um trabalho conjunto e interdisciplinar, o que também contribuiu fundamentalmente para a própria constituição de cada um desses campos de saber. Ao longo desse processo, muitas noções passaram a ser repensadas por historiadores e geógrafos, cada qual expondo suas reflexões teóricas e metodológicas para o refinamento de conceitos fundamentais para as duas áreas. Entre esses vários conceitos, o de região experimentou longas disputas e debates, o que nos exige tratá-lo de maneira destacada e cuidadosa.

## (1.2)
## O CONCEITO DE REGIÃO E SUAS DEFINIÇÕES

Você já notou como a palavra *região* está presente em seu cotidiano? É normal que não atentemos ao uso que fazemos desse termo até que uma indagação como essa nos seja feita. Se vamos ao médico e nos é perguntado onde dói, podemos falar que é na *região* das costas ou, talvez, do antebraço, por exemplo. Caso alguém lhe pergunte em que *região* da cidade você mora, possivelmente você responderá com o nome de um bairro ou apontando a proximidade de sua casa em relação a um ponto de referência. O termo também pode surgir em um breve comentário sobre a situação da cidade, quando mencionamos uma *região* mais violenta, mais arborizada ou com maior concentração de prédios residenciais ou indústrias. Ainda, ao tratarmos do espaço rural, podemos falar em *regiões* marcadas por plantações de milho, soja, cana-de-açúcar e tantos outros gêneros. Em todos esses exemplos, é importante notar que apontamos características que indicam como uma determinada parte destoa do todo: uma área do corpo afetada pela enfermidade, algumas ruas que nos causam apreensão ou a nítida mudança da paisagem dos campos ao longo de uma viagem.

Essa falta de precisão no significado de *região* reflete sua polifonia – combinação de muitos significados –, como demonstrou Rogério Haesbaert da Costa (2010, p. 20-23), ao indicar variados sentidos no uso do termo no senso comum, indo desde um "domínio ou reino", passando por "extensão de terra", "área ou espaço bem definido", "parte separada da divisão do mundo", "clima", "subdivisão relativamente extensa de um país", até chegar ao significado de "parte ou divisão do corpo". Apesar de toda essa variedade semântica, é importante observar que a ideia de região permanece associada a um recorte no espaço.

Essa noção de corte e destacamento do espaço não deve causar surpresa, pois, como exposto por Pierre Bourdieu (2002), a palavra *região* deriva de *regio*, poder próprio do rei e que o autorizava a instituir divisões no espaço e estabelecer fronteiras, separando o interior do exterior e fixando as regras válidas em cada um desses espaços. Esse vínculo entre território e autoridade acabou caracterizando a própria ideia de região desde o Império Romano até nossos dias.

Conforme demonstrado por Paulo Cesar da Costa Gomes (2000), *regione* era a denominação usada no contexto do Império Romano para designar os territórios subordinados às magistraturas de Roma, uso que representa uma forma de atuação do poder central sobre áreas sociais, culturais e espacialmente diversas. Ainda segundo o autor, após a fragmentação feudal e a reorganização da autoridade sob a ordem do Estado moderno, a região voltou a ser objeto de disputa dos poderes centrais, que lutavam por uniformizar as leis, os controles sociais, políticos e econômicos e as formações culturais sobre todo o território da nação. Ainda hoje, essa queda de braço entre instâncias de poder não cessou, já que atritos e conflitos motivados por questões regionais não deixam de ocorrer no interior dos Estados contemporâneos (Gomes, 2000) – questão que será mais aprofundada no último capítulo deste livro.

Esse percurso histórico levou Paulo Cesar da Costa Gomes (2000, p. 52) a apontar três questões centrais a respeito do conceito de região:

> *a primeira é que o conceito de região tem implicações fundadoras no campo da discussão política, da dinâmica do Estado, da organização da cultura e do estatuto da diversidade espacial; percebemos também que este debate sobre a região [...] possui um inequívoco componente espacial, ou seja, vemos que o viés na discussão destes temas, da política, da cultura, das atividades econômicas, está relacionado especificamente às projeções no espaço das noções de autonomia, soberania, direitos etc. [...]; finalmente, em terceiro lugar, percebemos que a geografia foi o campo privilegiado destas discussões ao abrigar a região como um dos seus conceitos-chave.*

Considerando a relevância dos três pontos elencados, vamos abordar os possíveis entendimentos para o conceito-chave que nos interessa neste momento. No entanto, não podemos esquecer que nosso objetivo é nos aproximarmos de um conjunto de concepções a respeito de **região**, a fim de que possamos construir uma base de saberes, os quais servirão como sustentação para as reflexões presentes nas páginas que se seguem. Portanto, não pretendemos definir precisamente qual é o significado do conceito – ora, isso seria por demais desgastante e, até mesmo, impossível de ser feito –, e sim delinear um panorama em torno de seus usos.

O entendimento mais tradicional e resistente ao tempo nos debates geográficos é o de **região natural**. Surgida no século XVIII, essa noção estava vinculada às características físicas que dariam unidade e singularidade a um território e delimitariam suas fronteiras de maneira homogênea em relação às terras que o circundavam. Por consequência, a natureza exerceria influência direta sobre os homens, de modo que o ambiente seria determinante para as formações sociais (Roncayolo, 1986; Gomes, 2000). A região natural seria, portanto, o quadro explicativo de uma força determinista que moldava tudo que estivesse em seu alcance.

A partir do final do século XIX e do início do século XX, a ideia de região natural enfrentou duras críticas por parte de Paul Vidal de La Blache e Lucien Febvre, que, como apresentamos anteriormente, criticavam o caráter determinista da imposição da natureza sobre as formações humanas, pensando mais em condições possibilistas para compreender a relação entre homem e meio. A esse respeito, segundo Paulo Cesar da Costa Gomes (2000), as condenações desses autores fizeram nascer a noção de **região geográfica**, mais vinculada às formas de transformações dos espaços causadas pela ação dos homens.

Como destaca Marcel Roncayolo (1986), o princípio de homogeneidade da região deixou de ser natural e passou a ser humano, ou seja, relativo à ação da sociedade e a suas manifestações culturais. Assim, seria um equívoco reduzir a formação sociocultural aos ditames do solo, pois essa realidade é mais complexa e deve ser compreendida também como o resultado de um desenvolvimento histórico marcado pelo próprio tempo. Assim, em meados do século XX, os geógrafos entendiam essa questão da seguinte maneira: "No conceito de região, ou sua manifestação, há o pleno encontro do homem, da cultura com o ambiente, a natureza; a região é a materialidade desta inter-relação, é também a forma localizada das diferentes maneiras pelas quais essa inter-relação se realiza" (Gomes, 2000, p. 62).

No âmbito da geografia, as propostas de Vidal de La Blache experimentaram longo vigor nos debates sobre a região, conceito central das pesquisas do geógrafo francês. Contudo, a partir da década de 1970, as ideias vidalianas e suas visões sobre as regiões geográficas passaram a sofrer críticas, surgindo outras propostas e interpretações, destacadamente por parte de Yves Lacoste, que censurou duramente La Blache no capítulo intitulado "A colocação de um poderoso conceito-obstáculo: a região-personagem", presente na obra *A geografia: isso serve, em primeiro lugar, para fazer a guerra* (Lacoste, 2012). Para ele, o problema central seria o seguinte:

> *Fruto do pensamento vidaliano, a "região geográfica", considerada a representação espacial, se não única, ao menos fundamental, entidade resultante, pode-se dizer, da síntese harmoniosa e das heranças históricas, se tornou um poderoso conceito-obstáculo que impediu a consideração de outras representações espaciais e o exame de suas relações.* (Lacoste, 2012, p. 62)

Yves Lacoste reconhece que La Blache refutou o determinismo naturalista, mas o critica por atribuir maior peso aos fenômenos naturais ou às formações históricas antigas na constituição das regiões, sem levar em conta os efeitos dos processos de industrialização, expulsando o homem de suas relações de produção, em grande medida por desconsiderar o espaço citadino. O homem vidaliano seria, assim, o homem do campo.

A orientação de análise de Vidal de La Blache foi lida por Lacoste como mera listagem de uma sequência de regiões, descritas de acordo com o clima, o relevo e a população, fazendo acreditar que haveria apenas uma única maneira de separar e ordenar o espaço. Esse procedimento impediria a compreensão de uma **espacialidade diferencial** que abarcasse os critérios políticos, econômicos e sociais, pois cada um desses critérios teria uma configuração espacial própria, resultando em uma variação das demarcações regionais rígidas.

As regiões elencadas por La Blache para definir a França – Lorena, Bretanha, Champagne etc. – existiriam como personalidades individuais, para as quais o geógrafo contribuiria com a descrição de sua fisionomia e da relação entre os aspectos naturais e as formações históricas que dariam vida a cada uma delas. Partindo do diálogo com o meio e com o tempo passado, La Blache e seus discípulos teriam ignorado, por exemplo, o peso das relações financeiras para a industrialização das regiões e outras configurações possíveis para o recorte do espaço; ademais, teriam colaborado para a instituição de discursos políticos orientados pelo apreço às identidades regionais, criando um sentimento patriótico isento de reflexões sociais. Contra isso, Yves Lacoste (2012, p. 63) propõe que "seria politicamente mais sadio e mais eficaz considerar a região como uma forma espacial de organização política (etimologicamente, região vem de *regere*, isto é, dominar, reger), os geógrafos acreditam na ideia de que a região é um dado quase eterno, produto da geologia e da história".

As novas propostas para pensar a região acabaram modificando as possibilidades de entender os recortes territoriais e, principalmente, de compreendê-los como um procedimento científico, aberto ao investigador, que deve deixar evidente quais são os critérios usados para definir o espaço a ser estudado. Nesse sentido, o geógrafo ou o historiador deixam de considerar a região como um produto ou uma conclusão de seu trabalho e passam a tomá-lo como um meio, ou seja, um caminho explicativo: "um meio para demonstração de uma hipótese" (Gomes, 2000, p. 63).

Em conformidade com essa mudança metodológica, a região passou a ser analisada sob duas perspectivas: as regiões homogêneas ou uniformes e as regiões funcionais ou polarizadas, sendo que uma não exclui a outra. Na primeira categoria, levam-se em consideração os elementos uniformes e mais bem assentados em determinada área ao longo do tempo – solo, relevo, clima, estruturas sociais ou culturais. Na segunda, observam-se, antes, os fluxos que caracterizam a vida em uma região, privilegiando os aspectos econômicos – troca de mercadorias, oferta de serviços, necessidade de mão de obra, formas de trabalho e outras questões ligadas à dinâmica do capital (Costa, 2010; Gomes, 2000).

Existe, portanto, uma mudança nos parâmetros para pensar os critérios que caracterizam uma região com base nas propostas apresentadas pela corrente de pensamento chamada de *geografia crítica* (ou *radical*), pautada em uma forte orientação econômica para analisar as relações entre a sociedade, o meio geográfico e a dinâmica do capital. Entre as obras clássicas dessa vertente interpretativa estão as do geógrafo brasileiro Milton Santos, ganhador do Prêmio Vautrin Lud[1], honraria a ele concedida em 1994, e mundialmente reconhecido pelas suas pesquisas. Neste ponto, é interessante recorrer às palavras do próprio autor em sua definição de *região*:

> *Regiões são subdivisões do espaço: do espaço total, do espaço nacional e mesmo do espaço local [...]. As regiões são um espaço de conveniência, meros lugares funcionais do todo, pois, além dos lugares, não há outra forma para a existência do todo social que não seja a forma regional. A energia que preside essa realização é a das divisões do trabalho sucessivamente instaladas, impondo sucessivas mudanças na forma e no conteúdo das regiões.* (Santos, 1997b, p. 98)

Em sua maneira de compreender a região, Milton Santos critica os determinismos naturais e culturais para caracterizar as formas humanas de ocupação do espaço, entendendo que esses critérios muitas vezes impedem a compreensão da dinâmica social ao longo do tempo e fazem da região um quadro imóvel. Por consequência,

---

1  O *Prêmio Vautrin Lud* foi criado em 1991 pelo Festival Internacional de Geografia com a proposta de, a cada ano, homenagear um geógrafo vivo que tenha se destacado na contribuição para essa área do saber. Tendo em vista que na geografia não existe um Prêmio Nobel, o Prêmio Vautrin Lud pode ser considerado como o seu equivalente.

O geógrafo brasileiro defende que a região seja pensada com base em critérios renovados que considerem o fluxo do capital, assim fazendo notar a existência de pressões e imposições dos países industrializados sobre os subdesenvolvidos. Nesse jogo de interesses, a ação dos grupos humanos sobre a base geográfica não é decidida exclusivamente por eles, mas pelo interesse dado no interior de um sistema capitalista que obriga a olhar para as regiões de forma relacional, entendendo-as como recortes no espaço da realidade total e com a qual mantêm constante diálogo (Santos, 2004).

Essa perspectiva de análise apresentada por Milton Santos não ficou restrita apenas à geografia, podendo ser vista também na história. Em sua obra intitulada *Elegia para uma re(li)gião*, Francisco de Oliveira (1977) se propõe a compreender como a Superintendência do Desenvolvimento do Nordeste (Sudene), juntamente com outras instituições do capital financeiro, orientou o desenvolvimento da Região Nordeste do Brasil, marcadamente sob a atuação dos interesses sociais, políticos e econômicos da Região Centro-Sul brasileira. Partindo de uma perspectiva marxista, com recorte temporal entre 1959 e 1964, o autor constrói sua análise sobre a dinâmica da expansão do capitalismo nacional, acompanhada pelo processo de monopolização industrial, divisão e precarização do trabalho, para demonstrar como se configurou a luta de classes a partir da perda de poder por parte da burguesia industrial nordestina, da alteração das relações no campo e da emergência de forças populares.

Por se tratar de um estudo regional, Francisco de Oliveira (1977, p. 29) apresenta o conceito de *região* que orientou seu trabalho da seguinte maneira:

> Uma "região" seria, em suma, o espaço onde se imbricam dialeticamente uma forma especial de reprodução do capital, e por consequência uma

*forma especial da luta de classes, onde o econômico e o político se fusionam e assumem uma forma especial de aparecer no produto social e nos pressupostos de reprodução.*

Sem ignorar a existência de variadas diferenciações para o estabelecimento de uma região – econômicas, sociais, políticas, culturais, geográficas, históricas ou antropológicas –, Francisco de Oliveira (1977) explica que, de acordo com o referencial teórico-metodológico relevante para sua investigação, a região foi estabelecida levando-se em consideração a dinâmica de reprodução capitalista em seu processo de acumulação econômica e de conflitos sociais. Nesse sentido, a região não poderia ser entendida apenas por um olhar especializado em seu espaço, mas a partir de um quadro de referências com outras regiões e suas relações.

A aproximação do pensamento teórico marxista com o conceito de região não ocorreu, entretanto, sem críticas, inclusive daqueles que bebiam das ideias materialistas para pensar a geografia. A esse respeito, Yves Lacoste (2012, p. 133-143) entende que o marxismo modificou profundamente os preceitos teórico-metodológicos das ciências sociais, mas, até a década de 1960, os marxistas não haviam mostrado interesse pela geografia, problema causado pela ausência de preocupações espaciais em Marx, que teria organizado seu pensamento de maneira muito mais centrada em torno do tempo e menos em torno do espaço. Quando demonstraram esse interesse, os geógrafos marxistas procederam de maneira determinista ao impor o histórico sobre o geográfico. Milton Santos (2004, p. 52), por sua vez, critica o dogmatismo e o uso de uma "metodologia congelada" que levou os geógrafos maxistas a erros de interpretação.

Yves Lacoste e Milton Santos publicaram suas obras na década de 1970. Respectivamente, escreveram *A geografia: isso serve, em primeiro lugar, para fazer a guerra*, em 1976, e *Por uma geografia nova*, em 1978, datas que coincidem com a emergência de outras perspectivas teórico-metodológicas. Segundo Paulo Cesar da Costa Gomes (2000), a geografia humanista se colocou contrária à geografia radical e resgatou elementos do passado, principalmente o conceito de região, que passou a ser pensado a partir de noções como a de consciência, de pertencimento e de mentalidade regional, considerando-se as experiências dos grupos sociais como vivências atribuidoras de significados ao território por eles habitado e modificado, física e simbolicamente. Sob essa ótica, nas palavras de Gomes (2000, p. 67): "Refuta-se, assim, a regionalização e a análise regional como classificação a partir de critérios externos à vida regional. Para compreender uma região, é preciso viver a região".

No campo da geografia, Nigel Thrift (1990, 1991, 1993) propõe uma **nova geografia regional**, que, sem ignorar as questões entre sujeitos e natureza, busca construir teorias que deem conta de compreender de maneira relacionada o papel ativo dos homens e sua interação com o território, possibilitando, assim, observar as permanências das sociedades ao longo do tempo e do espaço. Ao propor essa linha de pensamento, o autor salienta que é importante notar como a ideia de pertencimento de um povo que habita uma região se forma por meio de construções narrativas, de sua linguagem e de suas representações. Essa prerrogativa nos faz considerar que a nova geografia regional leva em conta a subjetividade do sujeito em seu lugar para construir uma relação contextualizada entre homem e meio geográfico.

Ainda segundo Nigel Thrift (1993), as teorias que dão embasamento a essa nova geografia regional estão ligadas às críticas contra as velhas perspectivas eurocêntricas e etnocêntricas, atitude que possibilitou olhares renovados em torno da maneira como as regiões são compreendidas por aqueles que as habitam ou que de algum modo mantêm contato com elas, buscando formas de construção simbólica de uma dada área por meio do vocabulário, das expressões culturais e das estruturas de sentimento. Essa proposta pode parecer um tanto abstrata, mas certamente poderá ser mais bem compreendida se recorrermos a um estudo que se aproxima dessas premissas e as desenvolve no campo da história.

Em *A invenção do Nordeste e outras artes*, Durval Muniz de Albuquerque Júnior (2011) busca em Michel Foucault os referenciais teóricos para pensar a região nordestina a partir do entrecruzamento de poderes e narrativas. Adotando uma variedade de discursos – televisivos, literários, musicais, visuais –, o autor se propõe a questionar como são produzidas as ideias estereotipadas a respeito do Nordeste e como esse conjunto de olhares e falas não é apenas mentiroso, mas também capaz de produzir um efeito sobre como os brasileiros e os próprios nordestinos pensam essa região e, por consequência, a si mesmos. Apresentando as intenções de seu livro, Durval Muniz de Albuquerque Júnior (2011, p. 33) assim anuncia:

> *Longe de considerar esta região como inscrita na natureza, definida geograficamente ou regionalizada "pelo desenvolvimento do capitalismo, com a regionalização das relações de produção", que é outra forma de naturalização, ele [o livro] busca pensar o Nordeste como uma identidade espacial, construída em um preciso momento histórico, final da primeira década do século passado e na segunda década, como produto do entrecruzamento de práticas de discursos "regionalistas".*

Como podemos notar, esse trecho é revelador das orientações que guiam a investigação do historiador nordestino. De início, ele deixa claro que a Região Nordeste não pode ser vista como uma delimitação natural, como se o que caracterizasse esse território não fosse mais do que seu solo rachado pela seca. O autor também nega as determinações econômicas do capital e de seu modo de produção; logo, ele adota uma postura crítica ao trabalho de Francisco de Oliveira – ao qual nos referimos há pouco. Por fim, Durval Muniz de Albuquerque Júnior tem o objetivo de averiguar como se constrói a identidade daqueles que habitam determinada região e, principalmente, como se pode entender esse processo por meio da história e dos discursos.

Ao lermos a obra de Albuquerque Júnior (2011), entramos em contato com uma série de reflexões sobre como foram formuladas as imagens – tidas como verdades inquestionáveis – do Nordeste e sobre como essas formulações explicam as ideias construídas a respeito do que é ser um nordestino. Para tanto, o autor comenta que o espaço deve ser entendido como o resultado de uma rede de inter-relações entre os agentes produtores de discursos e as dimensões espaciais regionais. Portanto, é necessário pensar a cultura, a linguagem, os poderes e a história do Nordeste e dos que falam sobre ele. Voltaremos a tratar desse assunto em outros momentos deste livro.

Antes de tentarmos sintetizar, afinal, o que se pode entender por *região*, vamos nos ater a mais algumas reflexões propostas por historiadores. Janaína Amado (1990) lembra que, embora critérios variados sejam adotados para definir o conceito de região – social, político, econômico, cultural, militar, jurídico, étnico, entre outros –, ele sempre representará uma noção associada a um recorte no espaço, sendo que tal conceito surgiu da necessidade dos homens de pensarem as diferenciações dos territórios.

Nessa perspectiva, ao longo das páginas anteriores, debatemos e criticamos o determinismo dos aspectos naturais sobre o território e os homens. Porém, é muito importante salientar que, como apontado por Amado (1990, p. 11), solo, clima, vegetação, hidrografia e tantos outros fatores ambientais não apenas podem, mas devem ser considerados ao pensar as características regionais; caso contrário, o entendimento dessa área ficaria empobrecido.

Oferecendo uma síntese em torno do conceito de região, José D'Assunção Barros (2017) afirma que ele está diretamente associado à divisão do espaço em relação a uma totalidade, podendo ser um país em relação ao continente ou ao globo ou, como é mais usual no tratamento da história regional, uma parcela regionalizada do espaço nacional.

Esse interesse pela diferenciação da parte em relação ao todo, segundo Barros (2017), deve-se à intenção de definir uma parcela destacável do espaço por meio do estabelecimento de critérios que diferenciem essa parcela em relação a outra, isto é, critérios que identifiquem características homogêneas presentes em determinado território a ponto de este poder ser visto como distinto das demais áreas que o cercam. Dessa forma, a região seria estabelecida de acordo com critérios de homogeneidade, identidade e unidade, os quais podem produzir uma delimitação entre "dentro" e "fora".

É crucial notar, contudo, que um determinado padrão físico, econômico, cultural, jurídico, social etc. elencado para definir a unidade de uma região e destacá-la no espaço não implica considerar o elemento escolhido como o único possível de ser percebido no interior dessa área. Tal concepção deixa em aberto as eventuais oportunidades de ponderar sobre a diversidade de outros critérios que também enriqueçam a definição de uma região, mas que ainda possam fazer emergir outras subdivisões (Barros, 2017).

Depois de apresentarmos os debates e as abordagens da geografia e da história sobre o conceito de região, qual é o entendimento que, enfim, podemos propor para ele? Vamos iniciar por aquilo que parece ser uma opinião unânime entre geógrafos e historiadores: trata-se de uma noção que busca recortar e destacar uma parte do espaço em relação ao seu todo. Diretamente vinculado a esse sentido, um segundo parâmetro seria o da homogeneidade, o que possibilitaria visualizar os limites entre essa subdivisão e as demais detectadas ao redor dela e que formam o todo. Pensemos, então, nesses elementos possíveis de conferir homogeneidade à ideia de região.

A natureza é o que primeiro salta à vista, tal como se verificou desde o início, com os primeiros interessados em compreender as relações entre o homem e o meio. Como você ainda deve ter em mente, existe o perigo atrelado ao determinismo da região natural, mas seria um grande erro ignorar tudo aquilo que vai desde o solo abaixo dos pés até as nuvens sobre a cabeça dos homens, passando pelo frio que lhes arrepia a pele ou pelo calor que os desidrata, como se nada disso os afetasse. Ocorre que, refletindo sobre nossa relação com o ambiente, percebemos que nós o modificamos; mudamos o curso dos rios e construímos hidrelétricas, alteramos a composição do solo para melhorar as colheitas, pulverizamos os céus para agilizar a formação de nuvens e a incidência de chuvas.

Assim, se a região pode ser descrita pela perspicácia e agência dos homens com aquilo que está fora dele – o meio –, é essencial atentarmos para aquilo que faz parte da própria humanidade: as formas como pensamos nossas trocas comerciais e nossas relações sociais; a configuração dos poderes e a atuação política; as representações culturais que construímos sobre nós mesmos e outros grupos da sociedade... Tudo isso define as interações que dão singularidade ao espaço habitado, as quais podem ser percebidas ao longo do tempo, ou seja, na dimensão histórica da formação regional.

É essencial que pensemos em região, portanto, como as relações entre o homem e o espaço ao longo dos anos, considerando-se a atuação humana sobre esse território, sobre suas formações e suas paisagens.

# (1.3)
# História, espaço e paisagem

Se, até este ponto, atentamos aos diálogos interdisciplinares entre a história e a geografia e, em seguida, aos contributos dessas duas ciências para as noções de região, é preciso, agora, adentrar o campo daquilo que dá vida ao território habitado: as relações entre o homem, o tempo e o espaço. Para isso, será essencial pensar o espaço de forma mais cuidadosa e acrescentar outro elemento de análise: a paisagem.

Como se estivéssemos no escuro, dando os primeiros passos no sentido de conhecer os conceitos de espaço e região, vamos começar apresentando-lhe algumas definições. Segundo Milton Santos (1997a, p. 83), "Paisagem e espaço não são sinônimos. A paisagem é o conjunto de formas que, num dado momento, exprimem as heranças que representam as sucessivas relações localizadas entre homem e natureza. O espaço são essas formas mais a vida que as anima".

Tendo em vista o que afirma Milton Santos, a paisagem é tudo aquilo que se mostra aos nossos olhos, que podemos tocar e que nos toca: o meio natural, a vegetação, o relevo e também as plantações e os campos agricultáveis, as indústrias, as escolas, as igrejas, os edifícios, as casas e demais obras da intervenção humana. O espaço, assim, refere-se à junção dessas estruturas com as formas de organização social, econômica, política e cultural dos homens que, ao ocuparem um território, constroem esses objetos e dão significados a eles. Esse é um bom ponto de partida para entender o espaço e a paisagem, mas podemos nos aprofundar ainda mais.

Conforme Janaína Amado (1990, p. 11), a noção de espaço é uma das mais antigas, permanentes e importantes da história da humanidade. Partilhando dessa ideia, Ciro Flamarion Cardoso (1998) defende que, provavelmente, a espacialidade tenha sido notada pelos homens antes mesmo da temporalidade, como comprovam as línguas antigas, como a egípcia, mas também as expressões atuais que associam o tempo ao espaço: *"curto espaço de tempo"* ou *"a grande distância no tempo"* (Cardoso, 1998, p. 7, grifo do original).

Seguindo em suas reflexões, Flamarion apresenta um interessante ponto de vista, expondo que é admissível pensar que o que caracteriza o ser humano é menos a capacidade de produzir ferramentas e mais a de domesticar o tempo e o espaço, isto é, o homem se diferencia dos animais por se apropriar de um território e se estabelecer sobre ele em ações concretas e permanentes. Este seria um processo iniciado ainda no Período Neolítico, quando nossos distantes antepassados começaram a interferir na paisagem e a modificá-la, criando abrigos permanentes e atribuindo significado ao meio – por consequência, fazendo nascer a vida em sociedade (Cardoso, 1998). Portanto, ao se estabelecer em uma região e começar a atuar sobre o espaço de maneira consciente, o homem tornou possível a vida em comunidade por meio da apropriação do espaço.

Imagine que você comprou um terreno em um loteamento ainda vazio de edificações. Uma empresa limpou a área – antes parte de uma fazenda que foi vendida –, calculou as quadras, fez toda a estrutura de saneamento, abriu e asfaltou as ruas. Assim como você, tantas outras pessoas adquiriram esse espaço sobre o qual querem fazer suas casas, cada uma à sua maneira e gosto. Temos aqui um exemplo simples de como uma série de pessoas, com interesses diversos, agindo de maneiras variadas, interferem sobre determinado território e modificam sua paisagem. Pouco a pouco, aquela imagem do pasto ou da plantação que antes dominava uma fazenda vai se transformando em uma parte edificada e urbanizada; o que era campo se transforma em cidade.

Essa modificação na imagem do local, a construção de objetos e as mudanças visuais podem ser sintetizadas no conceito de paisagem. Em estudo sobre essa questão, Chantal Blanc-Pamard e Jean-Pierre Raison (1986) examinam o caráter polissêmico do termo, que pode ser entendido como a paisagem dos artistas, que pode ser vista como a expressão do olhar humano sobre a natureza e seu registro; como o objeto de estudo específico da geografia, antes entendida como ciência da análise e da descrição da paisagem; ou como produto da ação humana sobre o espaço territorial, relação assumida como problema central a ser compreendido pela geografia humana.

A paisagem atraiu o interesse de muitos pesquisadores, que voltaram seus olhares para a atuação das sociedades e civilizações sobre o solo e sobre tudo o que o modifica e se eleva sobre ele. De início, historiadores e geógrafos dedicaram maior atenção às paisagens agrárias, entendidas como as primeiras formas de a humanidade ocupar a terra e se fixar sobre ela, destruindo sua vegetação natural e construindo seu próprio mundo sobre esse terreno, que passou a ser estruturado pela ação de diferentes sociedades e pela forma de pensar dos indivíduos que formavam tal paisagem e atuavam sobre ela (Blanc-Pamard; Raison, 1986).

Nesse sentido, Marc Bloch pode ser mencionado como um dos historiadores que dedicaram parte de seus estudos ao mundo rural francês, vendo nele a possibilidade de enxergar os tempos mais remotos e iniciais de seu país. Segundo esse autor, para compreender essas formas que se apresentam aos nossos olhos, é preciso observar e analisar a paisagem no presente, pois é a atualidade que indica os caminhos para compreender o passado em sua dinâmica de alterações. Para captar essas mudanças, o historiador deve se comportar como quem tem um rolo de filme em mãos, o qual, por ser corroído pelo tempo, faz restar somente sua última película em excelente qualidade de visualização, e é a partir dessa imagem final que ele pode remontar as sequências anteriores (Bloch, 2001).

Esse pensamento de Marc Bloch (2001) aponta para a existência de um tempo histórico que define o presente e nos atinge diretamente; contudo, para compreendê-lo, é necessário olhar para o que havia antes. Compactuando com essa ideia, Blanc-Pamard e Raison (1986) pensam uma paisagem que se constitui como herança do passado, mas que nem por isso é eterna, pois está aberta às interferências do homem por meio das novas técnicas por ele desenvolvidas, seja no campo, seja na cidade. Esse conjunto de concepções a respeito do tempo, do homem e da paisagem nos leva novamente ao pensamento de Milton Santos.

De acordo com o geógrafo brasileiro, a paisagem pode ser entendida como um agrupamento de objetos concretos, originados em temporalidades distintas e caracterizados pelas técnicas disponíveis para sua produção em determinado contexto histórico. Além disso, os homens que constroem esses objetos lhes atribuem valores e funções que podem ser alterados pelas gerações seguintes. A união dessas formas materiais com as maneiras de a sociedade se comportar e atribuir significado a elas, assim como modificá-las e reordenar a ocupação do território, constitui o espaço, sempre possível de ser compreendido a partir do presente (Santos, 1997a, p. 83).

A construção do espaço pelo homem ocorre, portanto, mediante suas ações concretas, tomadas de maneira intencional e voluntária. Dessa forma, o homem vai marcando o território por meio de suas relações sociais e pelo desenvolvimento de seu trabalho, sempre orientado por uma técnica que se desenvolve a cada dia mais e que exige novas intervenções sobre os objetos que formam a paisagem. Não à toa, os campos e as cidades estão em constante modificação; ora, é preciso abrir caminho para as novas formas do fazer. Ao longo desse processo, as sociedades vão conferindo novas funções às formas geográficas e transformando o espaço, o que demanda uma constante relação entre o passado e o presente, entre as configurações técnicas e sociais do ontem e as que nascem e se afirmam atualmente (Santos, 1997a, 2004).

Como uma conclusão parcial do que acabamos de discutir, percebemos que a paisagem e o espaço são, além de temas da geografia, dimensões históricas, ou seja, manifestam-se no decurso da longa temporalidade em que os homens ocupam determinado lugar e o modificam. Seguindo as reflexões do historiador alemão Reinhart Koselleck (2006), aquele que pretende compreender o tempo histórico deve olhar para a pele de homens e mulheres – suas rugosidades, marcas e manchas –, para as sequências das gerações de uma família e para a mudança de seu pensamento e de seus hábitos, mas também

> *deve evocar na memória a presença, lado a lado, de prédios em ruínas e construções recentes, vislumbrando assim a notável transformação de estilo que empresta uma profunda dimensão temporal a uma simples fileira de casas; que observe também o diferente ritmo dos processos de modernização dos meios de transporte, que, do trenó ao avião, mesclam-se, superpõem-se e assimilam-se uns aos outros, permitindo que se vislumbrem, nessas dinâmicas, épocas inteiras.* (Koselleck, 2006, p. 13-14)

Para pensar a constituição desse tempo histórico, Koselleck (2006) recorre a conceitos centrais para as teorias sustentadas por ele para a história dos conceitos: experiência do passado, desafio do presente e expectativas de futuro. A partir dessas chaves de leitura, podemos imaginar o espaço como composto pela paisagem e pela experiência dos homens que as constroem, ou seja, como aquilo que propunham para seus edifícios como portadores de uma função social – um lugar religioso, uma fortificação militar, uma fonte de produção de energia, o centro do poder burocrático.

Conforme a sociedade e os indivíduos se modificam, o presente abre novos desafios, demandando alterações também no espaço e em seus objetos: o prédio que abriga tarefas da administração do Estado pode exigir uma ampliação; pode ser necessária a construção de um parque de energia eólica; antigas estruturas caem em desuso, como um forte que já não cumpre com suas funções de defesa militar. Ao alterar o espaço, o homem não perde de vista certa expectativa de futuro. O que será de nossas casas, cidades e fazendas no amanhã que anuncia lares inteligentes, carros sem motoristas e cultivo de alimentos no interior de galpões iluminados por luzes de LED? Como as novas tecnologias vão afetar o espaço que habitamos e nossa história?

Deixemos esses questionamentos em aberto, mas não descanse sua imaginação. Vamos direcioná-la para outro exercício, desta vez olhando para o passado de Lisboa e para as muitas camadas de tempo que a paisagem dessa cidade nos revela. Observe as imagens a seguir (Figuras 1.1 e 1.2) com atenção e, como não podemos fazer delas um filme, peço que você mesmo atribua movimento às fotografias: as pessoas andando, os bondes e os carros subindo e descendo a rua, a distante bandeira a tremular no alto do castelo. É a vida dessa paisagem e desse espaço que nos interessa agora.

Lisboa é a capital de Portugal e o destino de muitos turistas, que passam pela cidade todos os anos. Entre seus vários atrativos, têm destaque os lugares históricos – como comprova a presença de muitas pessoas na Figura 1.2. Nas fotos, você pode ver dois dos monumentos portugueses mais visitados: o Castelo de São Jorge e a Sé de Lisboa. Eles estão a uma distância curta um do outro, em uma região que podemos considerar como histórica – no sentido de que suas atrações são compostas pelas heranças do passado (embora toda região seja histórica, tendo em vista que todo espaço é historicamente construído).

Figura 1.1 – Fotografia de Lisboa I

Carlos Eduardo Zlatic, 2015.

No primeiro plano, as casas típicas da região central lisboeta; ao fundo e no alto, o Castelo de São Jorge, monumento nacional de Portugal.

Figura 1.2 – Fotografia de Lisboa II

*Carlos Eduardo Zlatic, 2015.*

No primeiro plano, os famosos bondes elétricos e a movimentação dos turistas; ao fundo, a Sé de Lisboa.

Como você pode notar ao observar a Figura 1.1, o relevo dessa região de Lisboa é alto, o que não destoa do restante da cidade. Seu terreno irregular faz com que as edificações se alastrem por vales e colinas. Olhando a Figura 1.2, perceba que a rua que sobe até a Sé de Lisboa é inclinada, de modo que quem se propõe a chegar à igreja precisa subir alguns quarteirões ladeira acima ou facilitar a escalada com a ajuda de bondes ou carros, que também aparecem na fotografia.

Com essa primeira visão panorâmica das fotografias, vamos fazer retroagir a temporalidade dos vários elementos presentes nas imagens; vamos escavar o tempo presente para entender as camadas de memória incrustradas na paisagem e no espaço de Lisboa. Comecemos com a seguinte pergunta: Por que, afinal, essas edificações foram levantadas no alto de uma colina?

Bem, comecemos pensando que, antes de ser visto como um monumento histórico, o Castelo de São Jorge tinha uma função militar. Foi justamente essa função que levou o homem medieval a conceber a posição elevada como melhor opção estratégica para uma fortificação que tinha, entre seus aspectos de defesa, a necessidade de vigiar e guardar uma região e suas construções, incluindo a Sé, erigida próximo ao castelo. O posicionamento elevado dos castelos era de tal maneira importante que, conforme estudo de Jean-Denis Lepage (2002), entre os séculos X e XII, essas edificações eram erguidas sobre montes e, caso o relevo do território não proporcionasse essas condições, uma colina de seis a quinze metros era levantada pelos homens, que empilhavam camadas de pedra, turfa, argila, calcário, cascalho, mato e areia, obtendo uma estrutura seca e com topo achatado, de modo a sustentar os fortes.

Embora a colina sobre a qual se assenta o Castelo de São Jorge tenha sua origem na própria formação natural do relevo, a construção de montes se constitui em uma relevante demonstração do esforço humano em transformar o espaço de maneira a adequá-lo àquilo que a sociedade demanda: um ponto estratégico de defesa. Além disso, como informa Jean-Marie Pesez (2006), o castelo era, acima de tudo, uma residência aristocrática que abrigava um rei ou um nobre que detinha poderes sobre uma região, o que transformava essa edificação em um símbolo sempre visível no horizonte a lembrar as pessoas da presença da autoridade do senhor. Para cumprir bem essa função, era importante que a construção tivesse grandes dimensões e situação elevada.

Toda a região que abriga o castelo e a sé, e que hoje é reconhecida como símbolo de Portugal, tem uma história anterior de pertencimento aos muçulmanos que a ocuparam após o século VII. Foi apenas em 1147 que o primeiro rei português, Afonso Henriques, recebeu ajuda de um contingente de cruzados que se dirigia para a Terra Santa e conquistou Lisboa. Com a vitória, o castelo foi colocado sob a proteção do mártir cristão São Jorge, e começou-se a construir a Sé de Lisboa sobre a antiga mesquita. Assim, a conquista desse espaço implicou a modificação de sua paisagem e de suas funções, que passaram a se adequar à sociedade ocupante do território.

Avançando alguns séculos, para não nos alongarmos demais, devemos mencionar que o Castelo de São Jorge foi restaurado entre os anos de 1938 e 1940. Nesse período, os reis já não mais existiam, a fortificação havia deixado de ter sua função militar medieval e já não era mais o centro da autoridade do governo da época, que não podia, contudo, ser chamado de *democrático*. Ocupando o poder, o ditador português António de Oliveira Salazar começou um projeto de restauração de vários monumentos, com o objetivo ideológico de, como analisado por Arlindo Manuel Caldeira (1995), exaltar o passado nacional e criar um sentimento patriótico e nacionalista que fortalecesse seus poderes autoritários. Ainda segundo o autor, para as intenções salazaristas,

> *Os castelos tinham o duplo significado emblemático que muitos séculos antes lhes atribuíam os seus construtores: símbolos aristocráticos da autoridade do rei e da sua força contra as ameaças externas e as traições internas eram, ao mesmo tempo, o garante da ordem pública, para prevenção dos desmandos e castigo dos prevaricadores.* (Caldeira, 1995, p. 128)

Com essa passagem, compreendemos que o castelo era uma herança do passado que seguia marcando a paisagem lisboeta, mas a função que uma sociedade guiada por orientações totalitárias atribuía a essa edificação se distanciara daquela que os homens da Idade Média lhe atribuíam. Se a fortificação em posição elevada continuava a ser entendida como símbolo de poder, sua função não era mais a de casa fortificada do rei, e sim a de monumento de exaltação nacionalista. Hoje, passado o regime salazarista, a construção mantém sua aura poderosa, expressa pelas suas grossas paredes de pedra, assim como segue mantendo vivo um passado português de ocupação do espaço, sendo-lhe acrescida, entre outras funções, a importância econômica de uma atração turística.

Olhando para a fotografia que tem a Sé de Lisboa ao fundo (Figura 1.2), podemos também nos remeter ao período da Idade Média portuguesa. Em estudo sobre essa construção e o lugar ocupado por ela na sociedade medieval, Willian Funke (2019) apresenta as subsequentes modificações que a igreja sofreu ao longo dos seus mais de oitocentos anos. Logo após a conquista de Lisboa, o edifício passou a demarcar o horizonte como um símbolo da conquista cristã sobre o espaço após a vitória contra os muçulmanos e também enfrentou reformulações e ampliações promovidas por reis e comerciantes.

Na Idade Moderna, as modificações sociopolíticas e os novos gostos artísticos levaram à adição de elementos decorativos como forma de valorizar a Sé de Lisboa. No entanto, como o espaço do homem não fica isento dos impactos naturais, o ano de 1755 foi marcado por um terremoto e, na sequência, por um *tsunami*; como se essas tragédias não fossem o bastante, uma série de incêndios também acometeu a cidade de Lisboa. Diante de tudo isso, a igreja acabou sendo parcialmente destruída, e um trabalho de reconstrução a colocou de pé. Com a valorização do patrimônio no século XIX e os interesses nacionalistas do século XX, o edifício passou por restaurações que o aproximaram de sua configuração original (Funke, 2019).

A fim de pensarmos as formas de apropriação do espaço pelo homem ao longo do tempo, é interessante acompanharmos o pensamento de Willian Funke (2019) e suas reflexões sobre o lugar que a Sé de Lisboa ocupava na sociedade lisboeta. Aproximando-se da arquitetura e da geografia, o autor salienta que havia experiências variadas ligadas à construção que iam muito além do culto e do aspecto religioso, estendendo-se também ao olfato, ao tato, ao encantamento visual proporcionado pelos vitrais góticos e pelas velas, assim como pelas paredes cobertas de tapeçarias. Toda essa relação entre as pessoas e a igreja foi se forjando pelas experiências cotidianas, pequenas e constantes, contribuindo para a formação de um lugar que cada vez mais ficava cravado na cronologia e no espaço lisboeta (Funke, 2019).

Ainda hoje, a Sé de Lisboa mantém sua função ligada ao culto religioso, bem como às experiências causadas pelo seu visual. Os muitos turistas que passam por ela todos os anos seguem se encantando com suas paredes e com o colorido de seus vitrais. Certamente, o sentimento dessas pessoas não é o mesmo dos sujeitos do passado, mas, ainda assim, o lugar continua se afirmando no tempo, com funções distintas em cada período histórico. Ao olhar para a Figura 1.2 pela primeira vez, você imaginou que aquela igreja tinha todas essas camadas de tempo que acabamos de descrever? E o que dizer dos meios de transporte retratados na imagem?

O bondinho que aparece sendo fotografado pelo homem que usa uma mochila em suas costas é o mais famoso de Lisboa. Trata-se do número 28, que corta uma longa região da cidade, passando por uma variedade de pontos turísticos – ele mesmo se constitui em uma atração. Os elétricos, como são chamados pelos portugueses, são geridos pela Carris, empresa portuguesa fundada em 1872 e que implantou a primeira linha no ano seguinte, quando os cavalos faziam o trabalho pesado de puxar os passageiros. A tração elétrica foi implementada apenas em 1897 e segue em uso até os dias atuais, embora tenha de dividir espaço com os carros, que aparecem timidamente na imagem (Carris, 2020).

Depois desse nosso breve passeio, podemos recuperar algumas de nossas reflexões. Embora certas construções que marcam a paisagem de Lisboa tenham se mantido ao longo de muito tempo, suas funções foram alteradas como consequência da mudança da sociedade e dos significados que os homens atribuíam ao Castelo de São Jorge e à Sé de Lisboa. Tais edifícios seguem marcando a paisagem, mas sua relação com as pessoas mudou, assim como com o espaço vivido.

## Síntese

Neste capítulo, abordamos alguns dos principais debates que promovem a interdisciplinaridade entre a geografia e a história. Sob essa ótica, demonstramos que, depois de superado o distanciamento entre os saberes dessas duas disciplinas, seguiu-se um intenso diálogo entre historiadores e geógrafos que ampliou a observação, a análise e a compreensão das formas de organização das sociedades humanas, bem como as possibilidades de ocupação e relação com o meio natural, além dos valores e significados que os homens atribuem ao espaço em que se inserem.

Nesse sentido, como discutimos no texto, o conceito de região é um dos mais ricos e significativos para congregar geógrafos e historiadores em debates comuns, lançando-se propostas teórico-metodológicas para entender as relações entre os próprios homens e, também, destes com o território. Assim, a terra não é vista apenas como suporte para as sociedades, mas como uma das dimensões da ação humana, o que nos leva a olhar para as paisagens como heranças do tempo que se solidificam nos objetos que passam diante de nossos olhos e por meio dos quais podemos compreender a complexidade dos significados criados pelos sujeitos que habitam um espaço.

## Atividades de autoavaliação

1. Considerando a interdisciplinaridade entre a história e a geografia, com base no que foi discutido ao longo deste capítulo, assinale a alternativa correta:
   a) Marc Bloch desconsiderou o espaço ao propor sua definição de história como ciência do homem no tempo, pois, de acordo com o pensamento desse historiador, o espaço seria um objeto de estudo que diz respeito apenas à geografia.
   b) Os pensadores da Idade Antiga e da Idade Média não tinham interesse nos aspectos geográficos da vida do homem, o que se explica pela inexistência de qualquer reflexão ligada ao meio natural.
   c) No século XIX, história e geografia eram entendidas pelos Estados-nação como disciplinas inseparáveis, o que ajudou a criar uma cidadania pautada na ideia de universalidade, em que a ligação à terra e à pátria pouco importava aos interesses dos governantes.
   d) Ao longo do século XX, o interesse dos Estados e o controle dos governos sobre as universidades mantiveram a separação entre história e geografia, impedindo diálogos e saberes interdisciplinares.
   e) Todas as alternativas anteriores estão incorretas.

2. De acordo com seus conhecimentos sobre as ideias de Paul Vidal de La Blache, Lucien Febvre, Fernand Braudel e Michel Foucault, indique com V as afirmativas verdadeiras e com F as falsas:

( ) Paul Vidal de la Blache não teve qualquer interesse pelo conceito de região, preocupando-se mais em buscar os determinismos do meio natural sobre os homens.

( ) Em sua obra *A Terra e a evolução humana*, Lucien Febvre dialogou com Vidal de La Blache e defendeu uma relação de possibilidades entre o homem e o meio natural, criticando as visões deterministas.

( ) Profundamente criticado por François Dosse, os estudos de Fernand Braudel acabaram por se mostrar pouco interessantes para historiadores e geógrafos.

( ) O filósofo Michel Foucault buscou entender o homem e o espaço de maneira integrada, propondo a quebra de barreiras nítidas entre os conhecimentos da história e da geografia.

( ) Discípulo de Lucien Febvre, Fernand Braudel acabou replicando o equívoco de seu mestre, ao adotar a região natural como determinante para a análise das civilizações.

A seguir, assinale a alternativa que apresenta a sequência correta:

a) V, V, F, V, V.
b) F, F, V, V, F.
c) F, V, F, V, F.
d) V, F, F, F, V.
e) V, F, F, V, F.

*Carlos Eduardo Zlatic*

3. Sobre o conceito de região, assinale a alternativa **incorreta**:
   a) Surgida no século XVIII, a noção de região natural diz respeito às características físicas de um território.
   b) Sendo polissêmico, o conceito de região não precisou ser pensado por historiadores e geógrafos, bastando adotar a linguagem do senso comum.
   c) Ligado ao poder régio, o conceito de região também está vinculado à ideia do exercício do poder sobre divisões territoriais, permanecendo como um termo importante para pensar as relações políticas.
   d) Embora seja uma palavra presente no vocabulário comum e cotidiano, a história e a geografia definiram *região* como um conceito e fizeram dele uma chave de leitura para seus métodos de análise.
   e) Ainda que tenha muitos significados, podemos entender a região como uma divisão do espaço total.

4. Os entendimentos sobre o significado de *região* e seu emprego como conceito nos campos da geografia e da história podem se alterar de acordo com a perspectiva teórica adotada pelo investigador. Sob essa ótica, de acordo com o que estudamos ao longo deste capítulo, assinale a alternativa **incorreta**:
   a) Paul Vidal de La Blache é uma das principais referências para a geografia humana e para o estudo das regiões, importância que não o isentou de receber críticas, como as feitas por Yves Lacoste, que o acusou de atribuir maior peso aos fenômenos naturais ou às formações históricas antigas.

b) Apesar das críticas e das novas propostas de Yves Lacoste, a abordagem da geografia sobre as regiões continuou marcada pelo determinismo natural, pouco importando outros critérios, como os econômicos ou culturais.

c) Milton Santos refutou os determinismos naturais para compreender o espaço, afirmando que a ideia de que a natureza molda o homem impede o investigador de observar as dinâmicas regionais.

d) Tomando como pressuposto a ideia de regiões como subdivisões do espaço, influenciadas pelos fluxos econômicos, Francisco de Oliveira propôs compreender a Região Nordeste por meio do estudo da Sudene e dos interesses do capital e da luta de classes.

e) Aproximando-se das ideias do geógrafo Nigel Thrift, o historiador Durval Muniz de Albuquerque Júnior buscou compreender o Nordeste com base nos discursos construídos a respeito dessa região.

5. Partindo de seus conhecimentos a respeito da paisagem e do espaço, assinale a alternativa correta:

a) Os conceitos de paisagem e espaço, que podem ser considerados sinônimos, são apenas duas maneiras de compreender o estabelecimento do homem sobre um território.

b) A cada mudança social, a paisagem se altera completamente, fenômeno que acaba impossibilitando qualquer interesse da história pelos edifícios e pelas construções.

c) Sem dominar técnicas de edificação, os homens da Idade Média pouco conseguiam intervir sobre a paisagem natural, o que implicava a ausência de ocupação do espaço pela sociedade medieval.

d) Enquanto a paisagem diz respeito aos objetos construídos pelos homens e relegados ao futuro, o espaço pode ser definido como a relação estabelecida entre as sociedades e essas heranças do passado.

e) Todas as alternativas anteriores estão incorretas.

## Atividades de aprendizagem

Questões para reflexão

1. Você se desloca constantemente pela sua cidade, passando por múltiplas áreas que constituem o espaço urbano. Nessa perspectiva, reúna-se com um grupo de colegas e, a partir da troca de ideias e da busca de informações, elaborem um mapa da cidade dividindo-a em regiões e justificando os critérios que os levaram a estabelecer tais recortes.

2. A partir do levantamento de informações sobre as características naturais e econômicas de sua região, elabore um relatório que relacione o relevo, o solo e o clima do espaço rural que o cerca e os impactos dessas características para o cultivo dos principais gêneros produzidos na região.

## Atividade aplicada: prática

1. Considerando os conhecimentos adquiridos ao longo do desenvolvimento das "Questões para reflexão" e refletindo sobre o conceito de região e as possibilidades de análise do espaço abordadas ao longo deste capítulo, escolha um recorte urbano ou rural e desenvolva um texto historiográfico que contemple a descrição de sua paisagem e as intervenções humanas que marcaram esse espaço ao longo do tempo.

Capítulo 2

História regional:
definições, métodos
e objetos

Neste capítulo, adentraremos o estudo do tema central deste livro: a história regional. Ao longo das páginas seguintes, você vai poder se inteirar de debates historiográficos que lhe permitirão refletir sobre os interesses despertados pelas questões regionais e as abordagens de alguns dos historiadores que buscam problematizar as relações sociais, políticas, econômicas e culturais estabelecidas entre os sujeitos e o recorte espacial que os abraça mais proximamente, sem perder de vista a importância das interações com as totalidades que os circundam.

Tendo isso em vista, começaremos discutindo as potencialidades das abordagens propostas pela história regional, oferecendo uma possível definição desse campo historiográfico. Em seguida, munidos desses conhecimentos, poderemos passar aos desafios dessa proposta investigativa, a saber: o recorte do espaço, as fontes e o tratamento metodológico do objeto. Ao final deste capítulo, você terá uma ideia mais aprofundada a respeito desses temas, sendo capaz de pensar a realidade que o cerca ou de dar os primeiros passos no sentido de desenvolver pesquisas sobre temas de seu interesse.

## (2.1)
## História regional:
### surgimento e definições

De vez em quando, quando estamos assistindo à televisão, deparamo-nos com anúncios como "Fiquem agora com o noticiário regional" ou "Confira agora a sua programação regional". A partir desse momento, passamos a receber notícias e a estar diante de atrações vinculadas à subdivisão do espaço nacional ou estadual que nos toca de maneira mais próxima. As grandes redes de televisão do país têm suas emissoras regionais, dedicadas a cobrir todo tipo de fato ocorrido no interior da área alcançada por seu sinal. O mesmo pode ser dito a respeito dos jornais – físicos ou eletrônicos –, muitos dos quais com enfoque regional e voltados a investigar os acontecimentos de um recorte territorial não muito amplo.

A subdivisão territorial e a cobertura regional dos meios de comunicação são apenas um dos exemplos que podemos pensar para constatar que tudo aquilo que nos cerca em alguns poucos quilômetros – dez, talvez cinquenta ou, ainda, cem – desperta nosso interesse, a ponto de demandar subdivisões na indústria da informação e de mobilizar seus profissionais para a cobertura dos fatos ocorridos dentro de um território. Ora, nossas relações não ficam restritas apenas ao lugar onde estamos; temos parentes ou amigos em cidades vizinhas e nossa atenção se volta para eles quando nos chegam notícias sobre algo grave ou promissor sobre a localidade onde eles vivem. Também nos interessa saber sobre a aproximação de uma tempestade violenta ou sobre a chegada de uma aguardada chuva mansa em tempos de seca; assim, podemos nos antecipar ao perigo ou aguardar o frescor prometido pelas águas. De tudo isso, concluímos que os temas regionais importam e nos afetam diretamente.

Esse interesse pelo espaço próximo que nos cerca não é uma novidade. Abordando a história local – que será examinada mais detidamente no próximo capítulo –, Pierre Goubert (1988) demonstra que, até o século XVIII, a maior parte do povo europeu se deslocava pouco e seu mundo girava em torno das vilas, cidades ou regiões em que essas pessoas estavam inseridas; nesse sentido, as histórias tendiam a abranger esses pequenos espaços. Essa observação é valida também para o Brasil.

A esse respeito, José Henrique Rollo Gonçalves (1995, p. 21) afirma que, ainda na segunda metade do século XX, os meios intelectuais brasileiros olhavam para a história regional de modo pejorativo. Tratava-se, na opinião deles, de uma atividade vulgar praticada por pessoas provincianas, interessadas apenas em juntar um amontoado de fatos desconexos sobre a localidade e a região onde moravam para construir uma história cheia de afetos e exaltadora de um grande personagem saído das elites econômicas ou políticas. Esses colecionadores de curiosidades não eram entendidos como historiadores, pois não tinham qualquer compromisso com a ciência ou domínio das teorias historiográficas; seriam, no máximo, herdeiros da busca pela verdade cristalizada dos positivistas.

A partir de 1970, e principalmente de 1980, houve uma mudança na postura dos historiadores brasileiros em relação à história regional, alteração igualmente constatada na França e na Inglaterra. Nesse último país, segundo Afonso de Alencastro Graça Filho (2009), o interesse regional resistiu e se fortaleceu mesmo diante das propostas historiográficas totalizantes da escola dos Annales, ganhando relevância com o surgimento de novas abordagens e problemáticas a respeito das divisões do espaço. É importante considerar que, como bem lembra Janaína Amado (1990), as mudanças em torno do conceito de região – como apresentamos no capítulo anterior – promoveram novas possibilidades de observação e análise das questões regionalistas.

Enquanto, de um lado, o conceito de região seguia levantando vias de trabalho com potencial promissor, de outro, o modelo das amplas abordagens perdia força diante das críticas dos historiadores. A história regional surgiu nesse contexto de questionamento dos grandes modelos explicativos baseados em macroabordagens que, embora importantes, não eram capazes de dar conta das particularidades dos recortes espaciais menores. O interesse pelo regional apareceu, portanto, dessa necessidade de olhar com mais atenção para os fenômenos específicos de determinado território (Amado, 1990; Graça Filho, 2009). É justamente nessa proposta que reside o cerne da abordagem regional. Antes de tratarmos deste tema, porém, vamos examinar outros dois elementos que ajudaram a impulsionar os estudos regionais.

O questionamento dos modelos macroexplicativos deve ser entendido como um fenômeno relacionado ao interesse que os historiadores e as populações como um todo passaram a demonstrar em relação às sensibilidades regionais em um cenário marcado pelo êxodo rural, pelo aumento dos conflitos sociais e pelas preocupações concernentes às ameaças das imposições de uma identidade nacional sobre as culturais regionais. No caso do Brasil, outros elementos podem ser acrescentados a essa equação: a modificação do mapa político-administrativo das regiões brasileiras em 1970 e as ações político-administrativas do Estado brasileiro com a integração do Norte e do Centro-Oeste nos projetos do país (Amado, 1990; Graça Filho, 2009). Observe os mapas a seguir.

Mapa 2.1 – Mapa da divisão regional do Brasil (1970)

Mapa 2.2 – Mapa da divisão regional do Brasil (2002)

Concomitantemente às mudanças no campo da história e ao crescente interesse pelas questões ligadas às regiões do Brasil ou do mundo, houve um efetivo trabalho de pesquisa sobre temas regionais levado a cabo pelas universidades – muitas delas periféricas e localizadas no interior do país, o que fez crescer o interesse pelas demandas do espaço onde estavam inseridas –, com destaque para as investigações desenvolvidas pelos cursos de pós-graduação, que começaram a ganhar força no Brasil também a partir de 1970 (Amado, 1990; Gonçalves, 1995).

Compreendidas as principais explicações para o surgimento e fortalecimento da história regional, podemos nos questionar: O que, afinal, essa modalidade historiográfica tem a oferecer aos historiadores? Retomando as críticas às visões explicativas macro e gerais, podemos chegar à seguinte resposta: observar a realidade histórica a partir de um olhar mais atento ao que um pequeno espaço apresenta como específico. Vamos exemplificar isso da seguinte forma: imagine que você adentra um museu e se sente hipnotizado por um quadro; coloca-se diante dele, admira o todo e, depois, aproxima-se do quadro e fixa a atenção em cada detalhe; ao recuar alguns passos para admirar novamente a imagem geral, sua ideia sobre ela será muito diferente daquela que tinha inicialmente. Essa analogia exige, no entanto, alguns cuidados; por isso, é importante buscar as ideias de alguns historiadores para contextualizar o exemplo fornecido.

Tratando das monografias regionais, Lucien Febvre (1955) afirma que o trunfo desse tipo de abordagem não é restituir a totalidade da região ou tentar compreender e explicar o todo, mas contribuir com análises profundas e minuciosas que formariam capítulos da totalidade. Assim, o historiador francês menciona que, após o desenvolvimento de novas monografias regionais – mais especificamente na França, país de interesse do autor –, seria possível retomar o estudo das questões do conjunto a partir de perspectivas renovadas, surgidas da junção dos dados obtidos em cada uma das partes.

Se for mal interpretada, a proposta de Lucien Febvre poderá confundir nossa compreensão acerca do que seria a história regional, fazendo com que entendamos erradamente essa prática como um simples exercício de produzir e separar peças de um quebra-cabeça que servirão para montar uma imagem maior ao final de um longo processo. Ora, não é disso que se trata. As pesquisas sobre as divisões espaciais não são meras auxiliares das macroanálises.

Nesse sentido, ao apontar a abordagem regional como caminho para o exame das elites políticas e da formação dos Estados modernos, Vera Alice Cardoso Silva (1990, p. 49) faz questão de alertar que a história nacional não é a soma das histórias regionais, haja vista que a história regional pode indicar as variáveis determinantes para a compreensão do sistema nacional ou global de relações. A isso podemos acrescentar que

> A História regional não substitui a história dos processos estruturais ou a história das mudanças sociais e políticas. Nem deve ser vista como fornecedora de subsídios que, somados, resultariam naturalmente numa "História nacional" ou "História geral". Mas, a História regional oferece elementos insubstituíveis para estudos comparativos e esta contribuição apenas a justifica e a torna necessária. (Silva, 1990, p. 46)

Concordando com essas palavras, Janaína Amado (1990, p. 12-13) explica que o estudo regional tem o potencial de enriquecer o exame das problemáticas nacionais a partir de pontos de vista que tomam o particular e o específico como pressupostos. Diante disso, afirma a autora: "A historiografia nacional ressalta as semelhanças, a regional lida com as diferenças, a multiplicidade" (Amado, 1990, p. 13).

Assim, interpretar a história regional como auxiliar da nacional ou global é ignorar que o próprio fortalecimento das perspectivas historiográficas regionais derivou da crítica aos modelos explicativos amplos. Portanto, seria uma contradição pensar que os historiadores colocariam as pesquisas sobre as regiões na função de construir as macrointerpretações ou lhes dar suporte. Nesse sentido, a história regional tem o potencial de incitar o historiador a olhar com cautela para as explicações totalizantes, justamente por abrir um imenso catálogo de estudos que elegem os recortes espaciais menores como cerne de suas problemáticas, oferecendo, assim, respostas aprofundadas sobre uma variedade de questões ao estudar as divisões territoriais de maneira aproximada e atenta às suas características próprias.

Com essa interpretação, não pretendemos colocar a abordagem regional como inconciliável ou contrária em relação às macroanálises, e sim salientar que cada uma tem suas especificidades.

Considerando-se as reflexões de Pierre Vilar (1999) sobre as microestruturas e as macroestruturas, é possível entender que, embora historiadores e economistas voltem seus interesses para as análises mais amplas, a micro-observação tem o potencial de oferecer ricas informações sobre o total da realidade histórica. De acordo com o autor, o enfoque regional pode propiciar elucidações sobre as células menores que compõem a sociedade – como o senhorio para o regime feudal ou as empresas para o sistema capitalista –, favorecendo a observação dos mecanismos essenciais que compõem as estruturas globais (Vilar, 1999).

Essa linha na qual se vai do micro em função de contribuir para o macro, conforme anunciado pela explanação de Pierre Vilar (1999), não é consenso entre os historiadores. Embora certamente seja essencial manter-se atento às relações entre aquelas duas dimensões espaciais, seria um erro hierarquizá-las, colocando-se uma em função da outra. Como apresentado por Graça Filho (2009), o tratamento mais aprofundado dos temas e o maior rigor na busca de dados documentais variados colaboram para o surgimento de novas problemáticas e a correção de interpretações anteriores, de modo que, ao voltarem suas investigações para as realidades regionais, os historiadores podem repensar e propor novas interpretações até então oferecidas pelas visões totalizantes.

Concordando com o potencial da história regional de testar a validade das grandes teorias, Vera Alice Cardoso Silva (1990) destaca que a abordagem regionalista permite reconhecer fenômenos localizados e elementos de comparação que podem ser usados para rever teorias em vigor. Nesse mesmo sentido, e sendo mais taxativa, Janaína Amado (1990, p. 13) chega a fazer a seguinte afirmação:

*Por todas as razões expostas, a historiografia regional é também a única capaz de testar a validade de teorias elaboradas a partir de parâmetros outros, via de regra, o país como um todo, ou uma outra região, em geral, a hegemônica. Estas teorias, quando confrontadas com realidades particulares concretas, muitas vezes se mostram inadequadas ou incompletas.*

Menos categórico, mas igualmente buscando tratar da relação entre o pequeno espaço e os grandes voos interpretativos, José D'Assunção Barros (2017) admite que muitos temas da história regional surgiram do interesse suscitado pelos quadros explicativos mais amplos, mas que não abarcavam determinadas regiões, fazendo com que o investigador notasse uma lacuna que poderia ser preenchida com a elaboração de novas pesquisas. A curiosidade pelo não dito, bem como pela ausência de páginas sobre determinadas regiões nos livros da área, dá origem a investigações que, se forem bem desenvolvidas, poderão resultar em críticas benéficas para questionar os modelos explicativos totais ou, ainda, propor novos caminhos interpretativos a partir das especificidades do recorte espacial estudado.

Ao chegarmos a este momento de nossas ponderações, certamente temos uma noção mais clara do que é história regional, mas, antes de prosseguirmos, precisamos atentar para o seguinte questionamento: Qual tema é regional e qual é nacional? Para problematizarmos ainda mais essa questão, lançamos mão de outra pergunta: O local onde você está faz parte da história regional ou da história nacional?

Para começarmos a delinear uma resposta para esses questionamentos, é essencial termos em mente que existe uma vinculação conflituosa entre os polos hegemônicos do país – nos quais se concentram os poderes socioeconômicos e culturais – e as localidades periféricas – mais pobres – e que cada pessoa entende a relação entre essas duas instâncias de maneira distinta (Amado, 1990). Tomando esses pressupostos como pontos de partida, podemos ir em direção ao estudo de Maria de Lourdes Monaco Janotti e, junto com ela, indagar: "São Paulo não é tema de uma história regional?" (Janotti, 1990, p. 84).

Segundo a autora, houve uma rejeição por parte dos historiadores à ideia de aplicar perspectivas regionalistas para analisar a história de São Paulo, escolha que está associada a uma ideia pejorativa do conceito de região, que seria entendido como sinônimo de áreas marginalizadas, distantes dos grandes centros de decisão do país e decadentes em suas estruturas e em seus poderes de influência. Esse tipo de concepção revela uma escolha perversa, pois impõe uma leitura da realidade histórica dos polos centrais sobre a diversidade de acontecimentos que marcaram os mais diversos espaços nacionais e, pior, criaram uma falsa impressão de que esses núcleos dinâmicos e hegemônicos seriam a própria história do Brasil (Janotti, 1990).

Continuando com o debate sobre São Paulo e sua inserção regional ou nacional, vamos destacar algumas interessantes considerações feitas por André Roberto de Arruda Machado (2017). Todos os anos, muitas pessoas vão ao Museu Paulista da Universiade de São Paulo – o famoso Museu do Ipiranga – e sentem a importância e o peso histórico de estarem no lugar onde D. Pedro gritou "Independência ou morte!". Essa fascinação, unida ao impacto dos quadros dos personagens espalhados pelo museu, faz o visitante conceber que está vivenciando o centro da história nacional, porém sem ser informado de que essa forma de expor os fatos tem justamente a intenção de criar e exaltar um protagonismo paulista e colocar São Paulo como detentor das principais ações na construção do Brasil. De acordo com o autor, "o museu é apenas a síntese de um projeto historiográfico vitorioso, que fundiu a história de São Paulo à própria história da nação" (Machado, 2017, p. 296).

Atingido este ponto de nossa discussão, podemos finalmente buscar uma definição para o que é a **história regional**. Primeiramente, comecemos pelo que ela **não é**: a abordagem historiográfica das regiões periféricas, pouco importantes ou atuantes para a dinâmica dos centros de decisão da história nacional ou global. Pensar na história regional a partir da replicação de preconceitos e visões hegemônicas que buscam construir o que seriam os núcleos da nação em contraposição às áreas periféricas é um equívoco perigoso, pois deturpa qualquer possibilidade de compreender a história e seus caminhos de pesquisa, entre eles, a abordagem regionalista.

A história regional pode ser caracterizada, portanto, como uma proposta de investigação historiográfica que consiste em depositar um olhar mais detido sobre uma região – isto é, uma divisão do espaço mais amplo –, possibilitando o enfoque de problemáticas que coloquem as dinâmicas e características próprias da área escolhida para estudo como condição central de sua análise. Podemos afirmar, diante disso, que, independentemente de onde a região esteja situada no interior da nação ou do globo, ela sempre será o centro do enfoque de uma historiografia regional.

Essa afirmação não nos deve cegar e fazer pensar que o país ou o mundo são pouco importantes para a história regional. Não se trata disso, mas de adotar uma postura teórico-metodológica que admita a centralidade que a região exerce sobre a realidade história própria da sociedade que habita seu espaço, ainda que sua localização esteja muito distante das grandes capitais políticas ou das economicamente poderosas metrópoles. Esse distanciamento é, contudo, sempre relativo, pois sempre haverá trocas entre a pequena porção territorial e a abrangência totalizante na qual ela se insere. É nessa relação entre os limites de uma região e suas interações com tudo aquilo que a cerca que reside o desafio da abordagem historiográfica regionalista.

*Carlos Eduardo Zlatic*

## (2.2)
## Recortar o espaço, percorrer os arquivos: métodos e problemas da história regional

Quando um estudante de História se interessa pela pesquisa, ele usualmente começa por pensar em temas que lhe sejam interessantes a partir dos grandes recortes temporais: Antiguidade, Idade Média, período moderno ou contemporaneidade. Com suas próprias reflexões ou com a ajuda das orientações de um professor, o estudante percebe que sua primeira tarefa será a de recortar o tempo, exigência que o obriga a reduzir sua proposta para o Antigo Egito, o reino de Portugal, o Brasil Império, talvez a Alemanha nazista, por exemplo. Além disso, ele precisará limitar ainda mais esse recorte e buscar a duração do governo de um faraó, de um rei, de um imperador ou de um ditador.

Recortar tempo é, portanto, uma tarefa essencial ao historiador. Para isso, notadamente se parte das marcações usuais, pois são institucionalizadas pelo saber escolar e pela cronologia dos poderes. Perceba que estamos nos referindo justamente aos marcos com que nos deparamos em livros didáticos, a nós apresentados na sequência anual pelas diretrizes curriculares da disciplina de História: partimos da Idade Antiga e passamos pela Idade Média e pela Idade Moderna, até chegarmos à contemporaneidade. No âmbito dessas eras, vemos os períodos marcados pelos governos dos grandes personagens políticos – como o de Augusto, em Roma, ou a Era Vargas, no Brasil –; os ciclos econômicos – ciclo do ouro, ciclo do café –; a organização social – feudalismo, ditadura militar –; ou as grandes transformações culturais – como no caso do Renascimento.

Depois de delimitar o recorte temporal, o pesquisador passa a focar uma problemática específica, que poderia ser a construção do poder imperial em Roma, o confronto dos portugueses com os povos africanos na expansão ultramarina, a atuação de determinado setor social na Revolução Francesa, a construção dos aparatos de vigia e controle pelos governos ditatoriais, entre outras. A escolha de um tema de investigação levará o estudante a repensar os recortes temporais de acordo com a abordagem exigida pelo seu objeto de estudo, fazendo-o potencialmente questionar as marcações cronológicas cristalizadas e perceber que elas não coincidem com os processos históricos que lhe interessam, afinal, a realidade histórica não cabe em caixas de tempo.

Esse cuidado de pensar as temporalidades pode parecer complexo, mas a experiência da pesquisa e as leituras teóricas mostram os caminhos para a prática. Quando se trata de um enfoque regional – portanto, de um fragmento territorial da totalidade –, os desafios do historiador não são apenas temporais, mas também espaciais. É certo que as abordagens historiográficas devem considerar o espaço, mas esse elemento tem especial relevância para a história regional, desafiando o pesquisador a pensá-lo e recortá-lo de acordo com as exigências das várias possibilidades de compreendê-lo a partir das demandas relativas à problemática a ser abordada. São esses desafios que nos interessa analisar neste momento.

Os primeiros cuidados que é preciso ter ao buscar estabelecer um recorte no espaço são os elementos que compõem sua configuração. A esse respeito, Rosa Maria de Godoy Silveira (1990) adverte que, ao não atentar para os conceitos de região e espaço como construções – conforme abordamos no capítulo anterior –, corre-se o risco de olhar para determinada área como se sua realidade estivesse dada, pronta e acabada, suspensa e congelada em suas relações com o tempo.

Ainda segundo a autora, se a configuração espacial é atribuída *a priori* – como mera suposição e sem considerar o processo de sua constituição histórica –, a região passa a ser apenas um quadro, uma imagem sem movimento e, portanto, inviabiliza sua compreensão (Silveira, 1990). Com essa advertência, entendemos que o historiador não se deve deixar levar pelos enganos de uma ideia preconcebida, evitando determinismos que podem surgir, mais usualmente, das imposições de recortes pautados nas linhas da geografia natural ou político-administrativa.

Retomando o que discutimos a respeito das imposições da natureza para a delimitação da região e do espaço, devemos ressaltar que o critério das definições naturais é o primeiro a requerer a precaução do historiador. O determinismo suscitado pela ideia de região natural pode levar o investigador a pensar que o meio geográfico – clima, relevo, solo, etc. – constitui um conjunto homogêneo de fatores capazes de atuar como causas únicas para a explicação das formações sociais que ocupam o espaço em estudo. Então, para fugir desse perigo interpretativo, seria mais interessante ignorar os aspectos naturais da região? Essa resposta dependerá do objeto e da problemática a ser analisada.

Tratando da utilidade da abordagem regional para os temas da história agrária, Ciro Flamarion Cardoso (1979) esclarece que o entendimento a respeito dos ritmos de desenvolvimento do setor agrícola ou industrial de uma região deve passar pela observação das causas naturais em diálogo com as sociais, isto é, as propriedades do solo e os ritmos do meio ambiente interferem na produção agrícola, e o resultado dessa equação na produtividade do plantio impacta a vida do agricultor, questão que poderá levá-lo a repensar seus investimentos. Dessa relação entre homem e espaço podem surgir readequações, ou seja, novas formas de cultivo que modificarão os limites da cultura e das propriedades, o que nos leva à conclusão de que nem mesmo as regiões mais vinculadas aos atributos territoriais – como são as agrícolas – permanecem imóveis (Cardoso, 1979).

O segundo cuidado necessário para evitar determinismos se refere às fronteiras institucionalizadas. Indivíduos contemporâneos que somos, nascemos em um mundo concebido sob os recortes de fronteiras político-administrativas. Desde os primeiros anos escolares, passamos a ter contato com os mapas geográficos e os territórios de várias cores separados por linhas: o mapa-múndi, com seus amplos oceanos e os continentes quebrados em vários países, ou o mapa do Brasil, com seus estados. Por conta disso, acabamos perdendo de vista que cada uma dessas linhas tem sua história – foram construídas ao longo do tempo por invasões, guerras e tratados, sendo resultado das relações conflituosas entre governantes para definir o território sobre o qual estava assentada sua autoridade. São regiões definidas, portanto, pela estruturação dos poderes políticos, o que não significa que abranjam também os elementos econômicos ou culturais.

Como observado por Vera Alice Cardoso Silva (1990, p. 46), determinada região pode ou não ser compatível com as fronteiras políticas – que, além dos exemplos citados anteriormente, abarcam também os departamentos, as províncias, os distritos, os municípios e os bairros das cidades – do objeto que o historiador pretende estudar. Não é possível, porém, desprezar esse tipo de divisão, pois ele é relevante para a delimitação institucional do espaço de ação política, favorecendo o estudo dos projetos de poder de elites ou grupos locais e da abrangência de sua atuação.

A fim de produzir um entendimento a respeito do que acabamos de observar, é relevante destacar as palavras de José D'Assunção Barros (2017, p. 192):

> *Já vimos que a região ou a localidade dos historiadores não é a localidade dos políticos de hoje, ou da geografia física, ou da rede de sítios administrativos em que foi dividido o país, o estado ou o município. Toda região ou localidade é aqui, necessariamente, um "lugar", no sentido mais sofisticado desta expressão, uma construção, enfim, do próprio historiador. Se esta construção vier a coincidir com uma outra construção que já existe ao nível administrativo ou político, isso será apenas uma circunstância.*

Com esse pensamento, o autor indica que os cortes no tempo e no espaço, necessários à pesquisa em história, devem respeitar o objeto historiográfico em análise e os caminhos teórico-metodológicos propostos. Cada investigação demanda um enfoque específico para seu desenvolvimento, desafiando o historiador a compreender a dimensão dos questionamentos e dos problemas de sua pesquisa e, a partir disso, dissolver unidades geográficas e políticas tradicionais ou preestabelecidas para elaborar uma configuração de região que atenda às demandas de seu objeto. Essa operação exige atenção, pois sua complexidade envolve lidar com territorialidades superpostas de acordo com critérios políticos, econômicos, sociais e culturais (Barros, 2005, 2017).

Com a intenção de esclarecer essas ideias, vamos avançar no debate proposto por José D'Assunção Barros. Segundo ele, a formação acadêmica molda o historiador e pode condicionar sua forma de pensar, fazendo com que conceba os recortes temporais ou espaciais de maneira estanque, restrita a balizas nacionais e governativas ("Portugal no reinado de D. Dinis" ou "Brasil dos anos JK", por exemplo). Contudo, o tempo e o espaço devem ser recortados levando-se em consideração o problema central proposto, que, muitas vezes, não está adequado àqueles limites, visto que um tema pode muito bem abranger o governo de dois reis ou presidentes, assim como atravessar duas ou mais regiões administrativas. Para concluir esse raciocínio, cumpre salientar: "Para o historiador, a região não será tanto aquilo de onde a pesquisa partirá, mas sim aquilo mesmo que a pesquisa pretende produzir historiograficamente" (Barros, 2017, p. 193).

Ciente dos debates a respeito do conceito de região e de suas possibilidades de uso para a história, o desafio do historiador passa a ser operacionalizar esse conjunto de saberes a fim de definir o espaço pertinente ao seu estudo. Na perspectiva de Vera Alice Cardoso Silva (1990), a questão teórica que se impõe é a de delimitar as fronteiras do território a ser analisado, o que implica compreendê-lo como unidade caracterizada por uma dinâmica própria, mas integrada ao sistema mais amplo de relações sociopolíticas, econômicas e culturais. A proposta do investigador será, portanto, subjetiva, pois estará vinculada às demandas da problemática, exigindo que ele apresente e defenda os critérios adotados para estabelecer e definir a região que servirá como pano de fundo contextual para a problemática a ser estudada. Admitida essa orientação, delineia-se o seguinte entendimento:

> *A área seria uma parcela da superfície terrestre, diferenciada pelo observador, que a delimita por seu caráter, isto é, a distingue das demais. Essa delimitação é um procedimento de escolha do observador, que seleciona os fenômenos enfocados; dependendo dos dados selecionados, a delimitação será deficiente (pois a abrangência destes varia regionalmente). Assim, na verdade, a área é construída idealmente pelo pesquisador, a partir da observação dos dados.* (Moraes, 1981, citado por Silveira, 1990, p. 23)

Demonstrando estar de acordo com a ideia de que o pesquisador é o responsável por definir os limites e as características da região sobre a qual assentarão seu objeto e suas problemáticas, José D'Assunção Barros (2017) reafirma a responsabilidade do historiador em apresentar os critérios empregados para delimitar o território, de modo a esclarecer se se trata de um espaço homogêneo ou da superposição de espacialidades diversas, qual foi o fator essencial que orientou o recorte e qual é a relevância de suas escolhas para o desenvolvimento da pesquisa e de sua sustentação teórica.

É essencial que o historiador exponha os caminhos interpretativos para a definição de uma região, revelando as escolhas teóricas tomadas e os métodos escolhidos para efetuar essa operação de impor fronteiras ao espaço. Considerando-se que esses limites espaciais são de responsabilidade do pesquisador, cabe-lhe elucidar a existência e a função que seus critérios desempenham em sua perspectiva de análise, afinal, é dela que emergem as respostas que explicam o objeto.

Assim, os critérios e as linhas interpretativas usadas para definir a região não devem permanecer nos bastidores do processo de estudo, e sim vir à luz e ocupar o papel que lhes cabe, pois, sem isso, perde-se uma dimensão essencial para a compreensão do objeto, isto é, aquela sobre a qual ele vai se construindo ao longo da pesquisa.

Tendo em vista a importância de esclarecer os critérios e os parâmetros que orientam o recorte da região a ser investigada, podemos voltar nossa atenção para as possibilidades de análises metodológicas aplicadas à pesquisa regional, a começar por sua inserção em um conjunto maior de elementos que atuam tanto fora de tal divisão do espaço quanto dentro dela.

Nesse sentido, com base no exposto por Vera Alice Cardoso Silva (1990), constatamos que a região deve ser abordada por meio de uma metodologia que a considere como parte de um sistema com o qual mantém interações diversas, relações sobre as quais se estruturam a identidade e as características daquela parcela do espaço. Diante disso, o significado atribuído à região por um método de pesquisa dependerá da amplitude das observações acerca dos elementos que a constituem internamente, bem como da inter-relação entre esses fatores e os que estruturam o sistema que engloba aquele espaço, seja ele visto como integrante de uma dimensão global ou nacional (Silva, 1990). Dessa necessidade de enfoque derivam dois cuidados.

O primeiro deles diz respeito às formas de interpretar as relações da região com a totalidade, buscando-se escapar das determinações impostas pelo todo à parte. Sem essa precaução, corre-se o risco de entender o recorte como uma redução simplista da realidade natural ou político-administrativa, o que implicaria crer que "a História de um determinado Estado ou província repete os acontecimentos da história do Estado brasileiro ou que se pensa que seja a História do Estado brasileiro, que se irradia de seus centros de decisão" (Silveira, 1990, p. 23).

Em consonância com essa proposta de abordagem, José D'Assunção Barros (2005) reitera que a inserção da região em fronteiras nacionais implica sua adequação à história nacional. Conforme os exemplos oferecidos pelo autor, se a Espanha for adotada como divisão espacial, o discurso da unidade política espanhola acabará por ser considerado, seja para corroborá-lo, seja para questioná-lo; caso se adote a Catalunha, o discurso independentista catalão surgirá como característica marcante, tanto para contestá-lo quanto para afirmá-lo. Portanto, "estabelecer um recorte historiográfico é um gesto político, mesmo que o historiador não tenha plena consciência de suas implicações" (Barros, 2005, p. 119).

O segundo cuidado diz respeito à importância de olhar para região a partir das características que ela nos apresenta de maneira própria. Como sugerido também por Barros (2005), o território deve ser entendido a partir da superposição das espacialidades que vinculam o homem, a sociedade e o espaço em suas múltiplas manifestações sociais, políticas, econômicas e culturais. Dessa forma, o pesquisador poderá aproximar-se "muito mais da realidade vivida do que o encerramento do espaço em regiões definidas de uma vez para sempre, e associadas apenas aos recortes administrativos e geográficos que habitualmente aparecem nos mapas" (Barros, 2005, p. 111). Vamos fazer um exercício de abordagem no sentido proposto a fim de torná-la mais clara.

No intuito de nos aproximarmos das concepções que os habitantes de uma região têm de si mesmos e do espaço que habitam, será preciso recorrer aos registros que forneçam dados interpretativos ao historiador, ou seja, fontes e documentos. Para nosso exercício prático, adotemos as palavras de Tucídides, que, buscando apresentar uma explicação para a adoção do termo *helenos* para se referir aos habitantes da Grécia, deixou-nos registrado o seguinte trecho:

> *A melhor evidência disto é Homero. Com efeito, apesar de ter vivido muito tempo depois da guerra de Troia, ele em parte alguma de suas obras usa tal denominação para todos, ou mesmo para qualquer deles, exceto para os comandados de Aquiles da Ftiótida, que foram de fato os primeiros helenos; em seus poemas ele chama os demais de dânaos, argivos e aqueus. E tampouco usou o termo "bárbaros", em minha opinião porque os helenos, de sua parte, ainda não se haviam agrupado distintamente a ponto de adquirir uma designação única em nítido contraste com aquela. Seja como for, os povos que então receberam o nome de helenos, primeiro cidade por cidade, quando havia comunidade de língua, e depois como um conjunto, nada empreenderam incorporadamente antes da guerra de Troia, por causa de sua fraqueza e falta de contatos.* (Tucídides, 2001, p. 3)

Quando analisamos esse excerto atentamente, identificamos ricas informações sobre a Grécia Antiga e as definições propostas por aqueles que habitavam seu território. Tucídides informa que, antes da Guerra de Troia, apenas alguns eram denominados de *helenos*, o que começou a ocorrer apenas quando uma unidade mais ampla passou a ser percebida, formando-se uma comunidade vinculada pela língua e que cresceu pouco a pouco, cidade por cidade. Portanto, notamos que a Hélade – a terra ocupada pelos helenos – não apareceu primeiro como região pronta e acabada e depois chegaram seus habitantes; pelo contrário, ela foi se formando concomitantemente ao processo de estruturação daquela sociedade ao longo do tempo. Região e sociedade têm, assim, um percurso histórico que as vincula, exigindo que compreendamos o tempo e o espaço.

Recorrendo às interpretações de Reinhart Koselleck (2006) sobre os conceitos de *heleno* e *bárbaro*, presentes na citação de Tucídides, entendemos que esses dois termos foram construídos a partir da visão dos habitantes da Hélade que, recorrendo à língua, à religião, à educação, às artes e às instituições, passaram a se congregar em torno de uma identidade comum, partilhada por homens e mulheres que se reconheciam por essas práticas. Simultaneamente, foram atribuindo a designação de *bárbaros* àqueles que não compreendiam sua linguagem e não praticavam seus costumes. Assim, a definição entre o "nós" – habitantes da Hélade – e o "vós" – todos os que estavam instalados fora dessa região – foi criada a partir de características de separação tidas como negativas, mas que estavam pautadas no critério da territorialidade – os "de dentro" e os "de fora". Portanto, os limites do espaço helênico foram estruturados por critérios identitários, produzidos pelos próprios povos que habitavam aquele território.

Além de apresentar as possibilidades de interpretar uma região pelos aspectos internos que nos são revelados por seus habitantes, a análise que acabamos de desenvolver a partir do registro de Tucídides aponta para a condição essencial que os documentos ocupam para a história. Ora, o historiador não parte de um passado imaginado ao bel-prazer de sua criatividade, mas dos registros que nos foram deixados por aqueles que viveram antes de nós. Nesse sentido, os documentos são a própria matéria-prima da história, oferecendo as informações básicas que tornam possíveis as interpretações historiográficas a respeito das realidades históricas de outrora e das vidas de homens e mulheres, assim como dos espaços que estes ocuparam.

Entre os motivos que levaram os historiadores a se animarem com a história regional na segunda metade do século XX estavam as potencialidades de acesso aos registros dos arquivos distritais com suas escalas reduzidas e seus documentos inexplorados, o que favorecia o enfoque de temáticas a partir da especificidade da observação regional, mais facilmente controlada do que o esforço de mapeamento documental exigido por uma abordagem nacional ou global (Cardoso, 1979; Goubert, 1988).

Essa expectativa de encontrar documentos inéditos e suas riquezas interpretativas muitas vezes se choca com a realidade de arquivos desorganizados e registros em péssimo estado de conservação, principalmente quando se trata de instituições estaduais ou municipais. Mas esse não é o único desafio. Não é incomum que, em pequenas localidades onde os interesses privados pouco se distinguem dos públicos, o patrimônio histórico seja entendido como uma posse pessoal, um bem a ser cuidado e revelado apenas àqueles que passam por determinado crivo e sob a comprovação de que não ameaçarão os interesses locais e pessoais (Amado, 1990).

A esse respeito, é revelador o testemunho oferecido por Janaína Amado (1990). A autora narra que, desenvolvendo sua pesquisa no cartório de Porangatu – interior de Goiás –, a encarregada da instituição vetou seu acesso à documentação, temendo que ela buscasse algum registro relativo à ocorrência de grilagens na região. O impasse foi resolvido a favor da pesquisadora apenas com a intervenção do juiz local, a quem ela conseguiu convencer de que era essencial investigar as fontes para confirmar a lenda de fundação da cidade – embora estivesse mesmo interessada em um processo de posse ilegal de terras. Como balanço da situação, a intrépida historiadora afirma: "Infelizmente, nem todos os episódios têm, como este, um final feliz. Muitas vezes, o pesquisador, ao trabalhar com o regional, é obrigado a interromper ou empobrecer sua pesquisa; porque o historiador, mesmo quando pesquisa o passado, trabalha no presente" (Amado, 1990, p. 12).

José D'Assunção Barros (2017) alerta que, ainda que um arquivo apresente uma excelente conservação de seu acervo documental, a tentação de crer que todos os registros necessários para compreender a região se encontram unidos em um único lugar pode representar uma ilusão de comodidade ao historiador e empobrecer sua prática ao fazê-lo negligenciar sua problemática, mantendo-a restrita ao espaço abrangido pelos documentos, enquanto uma pesquisa mais alargada – considerando-se outros centros de documentação – teria o potencial de proporcionar abordagens mais complexas para a região por meio de um maior leque de informações.

De maneira complementar, Afonso de Alencastro Graça Filho (2009) parte de sua experiência de pesquisa sobre a região de Minas Gerais nos séculos XVIII e XIX para alertar que a documentação eclesiástica existente em arquivos de freguesias, paróquias ou bispados não coincide com a abrangência dos limites administrativos civis de províncias, comarcas, termos e distritos. Essa realidade obriga o historiador a averiguar as várias tipologias documentais, suas peculiaridades e potenciais contributos para a pesquisa. Outro cuidado indicado pelo autor diz respeito às modificações dos recortes político-administrativos ao longo do tempo, o que resulta na pulverização dos documentos em vários arquivos locais e exige maior cuidado e atenção do investigador para reunir as fontes de seu interesse (Graça Filho, 2009).

Considerando-se as fontes eleitas, o historiador também precisará impor um recorte espacial ao seu objeto, podendo ser mais ou menos complexo e, por consequência, capaz de proporcionar uma abordagem condizente com a complexidade da problemática. Vencidas essas demandas – o recorte da região e a reunião de fontes para sua abordagem –, o historiador se vê diante de outro desafio: o exercício do método para levar a cabo sua investigação e atingir os objetivos pretendidos.

## (2.3)
## A ABORDAGEM REGIONAL E SUA APLICAÇÃO

Agora que você está inteirado das definições de história regional e de seus desafios relacionados ao recorte do espaço e da consulta aos arquivos, é necessário avançarmos nos caminhos da abordagem regional. Não é possível estabelecer um método rígido para tratar da região, haja vista que cada objeto e suas problemáticas exigem do historiador o emprego de estratégias adequadas às especificidades do tema por ele escolhido. Dessa operação decorre a necessidade de pensar as fontes e os referenciais teóricos a fim de atingir os resultados almejados para a pesquisa.

Refletindo sobre a escrita da história, José Mattoso (1988) indica possibilidades de uso das fontes para a história regional. Segundo o historiador português, a paisagem é um documento de primeira ordem para analisar as formas de organização humana ao longo do tempo, oferecendo ao historiador um registro material das marcas deixadas no espaço. Existem ainda os monumentos, as heranças arqueológicas e a arte, sendo que cada um demanda métodos específicos de abordagem e compreensão que requerem esforço do pesquisador para dominar as técnicas exigidas para a interpretação de cada tipologia documental. Os registros escritos igualmente oferecem seus desafios e exigem um olhar atento para sua leitura, para os meandros de sua escrita e para as interpretações de suas entrelinhas – entre o dito e o não mencionado pelo sujeito que nos remete às memórias do passado –, assim como para o vocabulário usado por quem produziu a fonte (Mattoso, 1988).

Toda análise em história parte de perguntas, e suas respostas estão contidas nos documentos. Portanto, é preciso saber decifrar suas respostas com uma boa dose de técnicas de abordagem, mas também mediante a aplicação de recursos teórico-metodológicos do fazer historiográfico. Sob essa ótica, podemos afirmar que a história regional assenta seu objeto sobre um recorte do espaço – a região –, mas seus objetos e suas problemáticas são imensamente variáveis e tocam os mais diversos aspectos da vivência humana, o que exige do pesquisador um diálogo com outros campos do saber, dentro e fora das ciências humanas.

Nunca é demais insistir: objeto e problemáticas orientam a investigação e é em função deles que esta se desenvolve. Como as possibilidades para tanto são amplas e numerosas, é mais proveitoso abordarmos uma pesquisa em específico a fim de buscar esclarecer como seu autor se colocou diante dos desafios da pesquisa, ao mesmo tempo que poderemos retomar algumas das proposições feitas ao longo deste capítulo sobre a história regional. Assim, vamos nos deter ao livro de Emmanuel Le Roy Ladurie (1997) intitulado *Montaillou, povoado occitânico (1294-1324)*.

Emmanuel Le Roy Ladurie é um historiador francês alinhado às perspectivas da escola dos Annales, sendo um dos principais continuadores de Fernand Braudel em suas abordagens multidisciplinares e orientadas pela longa duração, marcadas pelo interesse em relação ao ambiente físico por meio de análises comparativas que abrangiam o clima e as formações sociais, assim como os homens e suas movimentações ao longo da história. No entanto, com relação à forma de tratar a região, Le Roy Ladurie se distanciou da visão braudeliana e abandonou a organização tradicional das monografias regionais, divididas entre estruturas e conjunturas, para orientar sua análise pela cronologia. Assim, ao estudar as comunidades rurais da França, o autor buscou com maior ênfase as flutuações populacionais e econômicas, as manifestações culturais e os fenômenos religiosos e sua abordagem no decurso dos acontecimentos em sua temporalidade (Burke, 1990).

Em *Montaillou*, Le Roy Ladurie desenvolve um audacioso estudo, orientado pelas premissas da história social, da história cultural e da micro-história – assuntos que serão examinados mais adiante neste livro –, com base em fontes inquisitoriais. O autor foi um dos primeiros a optar por essa tipologia documental para tratar das atitudes cotidianas dos habitantes de uma região. Além disso, ele logrou êxito em congregar, em um mesmo estudo, uma variedade de problemáticas características dos historiadores dos Annales, tais como crenças, sexualidade, moradia e infância, projeto que levou a cabo com uma abordagem antropológica por meio do testemunho dos próprios habitantes de uma vila medieval, configurando o retrato de uma região inserida em um ambiente social mais amplo (Burke, 1990).

Adentrando a análise do livro em questão, consideremos primeiro as fontes. Admitindo a existência de um grande volume de sínteses regionais, nacionais e ocidentais sobre os camponeses dos antigos regimes, Le Roy Ladurie (1997) constatou, contudo, que essas grandes abordagens incorriam na ausência de vozes e de memórias dos camponeses por si mesmos. Almejando preencher essa lacuna, o historiador buscou um conjunto documental que trouxesse ao presente as vozes dos aldeões do passado e encontrou os registros feitos pelo prelado Jacques Fournier – eleito papa em 1334, sob o nome de Bento XII – e reunidos pelo manuscrito de Jean Duvernoy.

Jacques Fournier era de origem humilde e teve sua ascensão social proporcionada por sua trajetória dentro da Igreja; iniciou como abade de Fontfroide, em 1311, e foi posteriormente alçado à condição de bispo de Pamiers, no ano de 1317, cargo que ocupou até 1326. No interior do espaço eclesiástico sobre o qual assentavam seus poderes – o bispado –, o condado de Foix – macrorregião abordada pelo estudo – era um local de disputa entre cristãos e heréticos, fato que levou Fournier a montar um tribunal da Inquisição, a fim de extirpar as heresias ali presentes. O clérigo tratou de escutar os camponeses, não sem infligir tortura a alguns deles, e de interrogá-los com riqueza de detalhes. Todos esses relatos foram registrados um total de 578 interrogatórios, resultando em 98 dossiês que colocaram em causa 114 pessoas, em sua grande maioria daquela macrorregião, mas principalmente da pequena região de Aillon, formada por Prades e Montaillou, foco principal da pesquisa (Le Roy Ladurie, 1997).

É importante você notar que Jacques Fournier não construiu esse imenso conjunto documental pensando assim: "Vou anotar todos esses interrogatórios em detalhes e registrar as formas de pensar desses camponeses, pois daqui a setecentos anos alguém vai usar tudo isso como fonte para sua pesquisa". Ora, os interesses do bispo eram práticos, orientados por sua busca implacável pela punição dos heréticos da região sob seus domínios eclesiásticos.

Cabe ao historiador questionar o passado a partir dos desafios do presente, e foi justamente isso o que fez Emmanuel Le Roy Ladurie. Seu trunfo foi recortar o espaço a partir do testemunho das fontes e buscar compreender as manifestações daquela sociedade em sua inteireza. Por certo, ele poderia ter optado por abordar apenas os aspectos econômicos da região em questão, ou as lutas religiosas entre cristãos e hereges, ou talvez as ações cotidianas e a rotina do trabalho no campo... Mas o historiador foi além e lançou um olhar profundo e abrangente que abarcasse as manifestações contidas nos documentos. Nada disso teria sido possível sem os registros de Jacques Fournier e a leitura do historiador francês, que descreve o bispo e sua pesquisa da seguinte maneira: "Maníaco do detalhe, ilumina, além das crenças e dos desvios, a própria vida da comunidade. Eis, portanto, Montaillou, em si e por si, ao sabor das investigações de Jacques Fournier; eu simplesmente as reagrupei, reorganizei, no espírito da monografia de aldeia" (Le Roy Ladurie, 1997, p. 19).

O estudo desenvolvido por Le Roy Ladurie é monumental. Abrange questões que vão desde problemáticas mais elementares como os hábitos cotidianos até grandes abordagens culturais da região, sempre relacionadas com o espaço maior, representado pelo Ocidente Medieval dos séculos XIII e XIV. Todos esses temas podem ser discutidos longamente, mas vamos focar mais atentamente as concepções de tempo e espaço presentes nas manifestações daqueles homens e mulheres da Idade Média sobre a região habitada por eles. Com essa escolha, pretendemos que você tenha a oportunidade de aprofundar suas reflexões a respeito desses dois temas tão centrais para os debates deste livro e, ao mesmo tempo, pondere sobre os métodos e as vantagens da história regional.

Debruçando-se sobre a problemática em torno da concepção de tempo dos habitantes da região de Montaillou, Emmanuel Le Roy Ladurie afirma que não havia uma oposição rígida entre o tempo da Igreja e o tempo dos mercadores, como proposto pelas interpretações totalizantes a respeito das concepções temporais da Baixa Idade Média. Nesse sentido, expressões ligadas à mentalidade religiosa, tais como "o tempo de dois pais-nossos", pouco apareciam nos testemunhos documentais, sendo que eram mais frequentes as noções temporais marcadas por percepções pragmáticas, como "um pequeno momento", "uma curta pausa", "o tempo de uma légua de percurso", ou ainda as referências às ações cotidianas, como o tempo necessário para se fazer uma refeição ou um trabalho qualquer que exigisse o dispêndio de horas ou dias (Le Roy Ladurie, 1997, p. 347).

Quanto ao tempo do trabalho, havia pouca diferença entre os artesãos e os camponeses. Homens e mulheres faziam pausas no meio do trabalho para conversar uns com os outros, sair em passeios mais longos ou tirar um momento para a sesta após as refeições. Certamente, em alguns períodos do ano, as tarefas laborais exigiam mais daqueles que as exerciam, mas esse ritmo era ditado muito mais pela natureza do que pelos relógios que começavam a aparecer em muitas localidades do Ocidente Medieval, funcionando como verdadeiros chefes das oficinas. Essa não era a realidade daquela região, que não experimentava as demandas e imposições da atividade têxtil, presente em muitas outras localidades (Le Roy Ladurie, 1997).

Por meio dessas constatações, podemos notar as vantagens da história regional destacadas anteriormente: fazer emergir as especificidades da região em suas relações com o espaço mais alargado. Nesse sentido, Le Roy Ladurie (1997) demonstra como seria incorreto atribuir ao povoado de Montaillou uma interpretação construída com base em outros espaços e experiências do Ocidente Medieval, negligenciando as características próprias apresentadas por seu objeto de estudo. Fora dos grandes circuitos comerciais e do trabalho artesanal que rapidamente se desenvolvia em muitas cidades medievais, o recorte territorial estudado não aparece como mero reflexo de uma totalidade construída do alto, mas em seus detalhes, revelando uma realidade até então encoberta pelas propostas de uma história totalizante.

Ainda assim, as especificidades demonstradas pelos habitantes de Montaillou não implicavam uma ruptura completa com as concepções de tempo características do Ocidente Medieval. O ritmo da natureza, com as quatro estações do ano e os ciclos de semeadura, crescimento e colheita, marcava os doze meses do ano, suas semanas e seus dias. Porém, a cronologia cristã acabava prevalecendo sobre a natural, como comprovava o calendário festivo, marcado pela Festa de Todos os Santos – com suas confissões e esmolas –, bem como pelas festividades de Natal, Carnaval, Quaresma, Páscoa e Pentecostes – proporcionando crescente alegria – e, depois, pelas comemorações dos santos locais, patronos das atividades coletivas (Le Roy Ladurie, 1997).

Contudo, mesmo nas manifestações religiosas, é possível encontrar a particularidade de Montaillou e seu distanciamento de outros espaços do Ocidente Medieval. Conforme exposto por Le Roy Ladurie (1997), o espaço mais alargado dos Pireneus e da Catalunha, onde Montaillou estava inserida, não registrava entusiasmo pelo culto dos santos menores, comportamento que pode ser explicado pela energia despendida durante o ciclo divino – do Natal a Pentecostes –, fazendo reduzir a animação das pessoas para a devoção em outros períodos do ano.

Passando à percepção do espaço, vemos que os homens e as mulheres de Montaillou pouco se deslocavam para distâncias mais longínquas, mantendo-se muito mais restritos às relações sociais, econômicas e culturais do pequeno espaço. Assim, nas palavras de Le Roy Ladurie (1997, p. 356, grifo do original):

> *Geograficamente, a percepção fundamental é a da pequena região, a do território* (terra); *essa palavra pode designar tanto a circunscrição senhorial quanto a área microrregional. A palavra* terra *não deve criar equívoco no leitor. Nossos camponeses-pastores, orientados pelo eixo de suas* domus,

*não têm de modo algum as obsessões da terra familiar e parcelária que será descrita um dia, por anacronismo, como consubstancial às mentalidades do agricultor de qualquer tempo. Seu modo de produção é mais doméstico que parcelário.* Terra, *para eles, é território não familiar, mas global: de paróquia, mas também, mais amplamente, de pequena região.* Terra *de aldeia, de grupo de aldeias, de região limitada, a uma só vez humana e natural.* Terra *de senhoria, pequena ou grande, ou mesmo de principado.*

O que o autor demonstra é que o eixo de orientação primeiro dos homens e das mulheres de Montaillou eram suas casas – as *domus*. A terra que circundava o povoado não era propriedade individual ou familiar, mas concernente aos poderes político-administrativos estabelecidos sobre ela, fosse a paróquia, fosse o castelo do senhor. Assim, essa referência territorial ocupava uma dimensão vivida pelos sujeitos que trabalhavam em um solo que não era deles, inseridos em uma rede de autoridade senhorial e tendo de lidar com as características naturais do espaço para toda e qualquer atividade diária.

Essa terra comum que constituía a região era delimitada pelo entendimento comum em torno dos limites naturais: os elevados montanhosos, vales e desfiladeiros. No interior desse espaço se estabeleciam as relações entre os habitantes de cidades distintas. Montaillou mantinha contato constante com Prades, a paróquia vizinha, por meio de um caminho que ligava as regiões e por onde corriam as trocas comerciais e culturais, os trabalhadores, os assuntos e as fofocas, a transumância dos animais no verão e no inverno (Le Roy Ladurie, 1997).

A linguagem comum também cria uma ideia de unidade territorial entre aqueles que partilham dialetos, por meio da identidade com aquela terra. Essa dimensão linguística não nos habilita a imaginar que se tratava de uma região isolada no caso em questão. Nesse sentido, eram frequentes os contatos com as regiões lombardas, sicilianas, catalãs, valencianas e maiorquinas, de onde vinham influências heréticas, mas também para onde alguns poucos poderiam ir a fim de buscar o perdão de seus pecados na sede do papado. A Igreja e a força das influências francesas se faziam presentes pela adesão da franca maioria ao catolicismo, exercendo suas pressões sobre a pequena região (Le Roy Ladurie, 1997), sobre o que conclui o autor:

> *Rumo ao norte, em compensação, o mundo francês, apesar do poder político, religioso e militar, permanece para as gentes de Montaillou quase tão abstrato quanto o são as regiões inglesas. Seus sucessos, bastante circunscritos, situam-se em dois planos principais: primo, provoca medo, a despeito de algumas arbitragens benfazejas que exerce sobre o lugar, nesta ou naquela ocasião; secundo, lubrifica localmente as transações comerciais, à força de moeda.* (Le Roy Ladurie, 1997, p. 366)

Novamente, são os testemunhos das fontes que permitem acessar a concepção do espaço daqueles sujeitos. As experiências vividas pelos contatos em curta ou longa distância orientavam as formas de relacionamento no interior da região por meio das mais diversas ações cotidianas, das simples fofocas aos dialetos empregados para estabelecer a fala e o entendimento, passando pelas trocas comerciais e por amizades ou enfrentamentos. Tudo isso formatava as maneiras de ocupar o território e se deslocar sobre ele, criando uma ideia de pertencimento própria daqueles que ali habitavam. Apesar de tudo isso, a região não estava isolada, sendo transpassada por vínculos com o Mediterrâneo e o norte francês. São esses vínculos – estreitos ou alargados – que a história regional busca para situar seu objeto em uma rede de tensões e dinâmicas que o caracterizem temporal e espacialmente.

## (2.4)
## O ENSINO DE HISTÓRIA REGIONAL E SUAS POTENCIALIDADES

Nas páginas anteriores, mencionamos diversos aspectos que configuram e orientam as pesquisas em história regional. Contudo, não podemos ignorar o potencial e as vantagens que esse campo historiográfico representa para o ensino de História, contribuindo para a dinâmica em sala de aula e proporcionando reflexões de maneira mais aproximada sobre o espaço que cerca os alunos, o qual está cotidianamente diante de seus olhos. Ainda, a abordagem de temas regionais pode favorecer a compreensão das especificidades regionais em relação à realidade nacional ou global.

Refletindo sobre a relação entre a história regional e o ensino, Circe Maria Fernandes Bittencourt (2004, p. 161) corrobora o entendimento que temos apontado sobre os estudos regionais ao afirmar:

*A história regional passou a ser valorizada em virtude da possibilidade de fornecimento de explicações na configuração, transformação e representação social do espaço nacional, uma vez que a historiografia nacional ressalta as semelhanças, enquanto a regional trata das diferenças e da multiplicidade. A história regional proporciona, na dimensão do estudo do singular, um aprofundamento do reconhecimento sobre a história nacional, ao estabelecer relações entre as situações históricas diversas que constituem a nação.*

Os potenciais da história regional para a compreensão da região ou do local que circunda os estudantes representam uma questão presente nos debates a respeito do ensino desde o século XX, quando os pensadores começaram a chamar a atenção para a importância de crianças e adolescentes compreenderem a experiência humana ao longo do tempo a partir da reflexão sobre a vida dos homens com os quais estão mais diretamente vinculados. Tal exercício pode colocar os alunos em contato com a realidade que os cerca, além de potencialmente levá-los a tratar de questões regionais ou locais não abarcadas pela história geral (Schmidt, 2007, p. 187).

Essa relação entre a história e o espaço local ou regional se faz presente nos parâmetros curriculares da disciplina desde a década de 1930, sendo que tais temas eram entendidos como recurso didático para o ensino de crianças das séries iniciais do ensino fundamental. A partir de 1971, a ideia de comunidade passou a orientar as reflexões a respeito do meio que circundava os alunos, iniciando-se pelo mais próximo e simples para tornar possível o tratamento de realidades distantes e complexas (Schmidt, 2007, p. 188).

Já na década de 1990, as novas concepções de ensino propostas pelo Ministério da Educação, expressas por meio da publicação dos Parâmetros Curriculares Nacionais, colocaram as temáticas locais e regionais como perspectiva metodológica para o trabalho da totalidade das séries do ensino básico. Assim, o objetivo era fomentar debates em torno da ideia de pertencimento dos alunos a grupos sociais e culturais. Dessa forma, a história local passou tanto a integrar o conteúdo curricular para os anos iniciais do percurso escolar quanto a constituir recurso didático possível de ser aplicado a todas as séries (Schmidt, 2007, p. 189).

Ao observarmos o conteúdo da Base Nacional Comum Curricular (BNCC), aprovada e publicada em 2017, podemos notar que o eixo de trabalho para os alunos do primeiro ao quarto ano do ensino fundamental é dado pelas questões locais e regionais por meio de reflexões sobre a família, a comunidade, o grupo social, as cidades ou os municípios e seus espaços, tudo isso relacionado ao convívio social, à formação da memória e às relações com o meio natural. Somente na sequência, ou seja, no quinto ano, passa-se a discutir a formação da sociedade e a organização do Estado (Brasil, 2017).

A proposta estruturante dos temas a serem trabalhados nos anos iniciais do ensino fundamental não implica o desaparecimento da história regional no decorrer da vida escolar dos alunos. Como salienta André Roberto de Arruda Machado (2017, p. 297),

> *as Bases nunca ultrapassarim 60% do currículo escolar de cada ano escolar, portanto cabendo ao professor autonomia para questões específicas. [...] ficou explícito que parte significativa dessa autonomia na construção do currículo estava reservada ao que se entendia como especificidade regional.*

O autor acrescenta que, apesar da importância atribuída aos temas locais e regionais para o ensino de História, existe um descompasso entre os currículos dos cursos de História oferecidos pelas universidades. Enquanto as instituições de ensino superior de São Paulo não têm matérias específicas sobre a história paulista, outras, no Paraná, no Rio Grande do Sul e em Pernambuco, por exemplo, contam com ao menos uma disciplina obrigatória sobre a formação regional dos respectivos estados. Em outros casos, como no Ceará e no Maranhão, o peso do regionalismo na formação dos alunos é ainda maior, chegando a três disciplinas; já no Pará, são quatro as disciplinas voltadas à historiografia da Amazônia (Machado, 2017).

Ainda de acordo com Machado (2017), o cenário das universidades acaba se repetindo na dinâmica do ensino fundamental e médio em diversos estados do Brasil. Em Pernambuco, o ensino de História tem como um de seus três eixos a temática regional; em Goiás, o currículo sugere uma presença constante da história do Estado; por sua vez, o Rio Grande do Sul prevê que os alunos do sexto ano sejam apresentados quase exclusivamente à história dos gaúchos. Em São

Paulo, contudo, os conteúdos escolares não consideram o interesse específico pela história paulista (Machado, 2017).

Feitas todas essas constatações, podemos nos perguntar: Qual é a importância da história regional para a formação dos estudantes? Podemos começar a responder essa indagação pelo que propõe Circe Maria Fernandes Bittencourt (2004). Ela afirma que os temas locais podem trazer para o palco da história as pessoas comuns e aparentemente desprovidas de relevância, mostrando seu papel de agentes históricos e suas relações com diversos grupos sociais. É preciso, porém, ter cuidado com a abordagem, como sugere a autora:

> *A história local pode simplesmente reproduzir a história do poder local e das classes dominantes, caso se limite a fazer os alunos conhecerem nomes de personagens políticos de outras épocas, destacando a vida e obra de prefeitos e demais autoridades. Para evitar tais riscos, é preciso identificar o enfoque e a abordagem de uma história local que crie vínculos com a memória familiar, do trabalho, da migração, das festas...* (Bittencourt, 2004, p. 168)

Essa preocupação em torno dos grandes personagens políticos e do pensamento político dominante é partilhada por outros pesquisadores interessados no ensino de História. André Roberto de Arruda Machado (2017) menciona que a história local e a história regional têm se voltado muitas vezes apenas para a conservação da memória de figuras políticas e de grupos sociais com prestígio local, reproduzindo o culto aos grandes homens, prática abandonada pela história.

Esses homens ou grupos sociais detentores de prestígio político representam um pensamento regionalista, muitas vezes colocado como hegemônico pelas elites regionais, que se faz presente em sala de aula e exige um cuidado especial do professor. Nessa ótica, Luís Fernando Cerri (1996) ressalta a importância de o professor questionar esses lugares de memória em torno das grandes personalidades e fazer um esforço didático a fim de refletir sobre a constituição da região como construção de um espaço em que participam variados elementos humanos, com suas diversidades e formas de pensar e agir. Como alertado pelo autor,

> O regionalismo é um problema político, não por ameaçar, no extremo, a unidade nacional, mas por ser um elemento que, além de propiciar o desenvolvimento de preconceitos regionais, baseia sua análise da realidade a partir do fator geográfico, ou seja, ideologiza a discussão dos problemas sociais contribuindo para elidir a compreensão das questões de classe e de gênero, desviando a atenção dos verdadeiros focos dos problemas. (Cerri, 1996, p. 138)

Com relação a essa crítica, Luis Fernando Cerri (1996) defende que os temas regionais no ensino de História sejam estruturados em torno da relação entre indivíduos e grupos sociais, de modo a favorecer a compreensão dos vínculos com a comunidade, afastando uma pretensa ideia de identidade construída a partir do pertencimento ao território.

Para atingir tal objetivo, Maria Auxiliadora Schmidt (2007) propõe o desenvolvimento da consciência histórica a partir da compreensão da experiência humana no decurso do tempo. Em se tratando da história regional ou local, a construção do conhecimento histórico deve partir do interesse dos alunos com base no que está presente no dia a dia deles e em sua vivência na comunidade em que estão inseridos, favorecendo, assim, o entendimento do estudante como indivíduo e ser social.

Para que o ensino das questões regionais possa ser desenvolvido, é essencial que haja o trabalho com as fontes, o qual pode envolver a busca de informações em arquivos locais, como documentos ou materiais auxiliares, ou ainda o patrimônio, a estatuária, a toponímia ou a imprensa local, assim como os próprios registros familiares – passagens de transporte, fotos, cartas, cartões-postais, diários, listas de compras e outros resquícios da ação humana (Schmidt, 2007).

A fim de que você possa ter um exemplo palpável das possibilidades de trabalhar com a história regional ou local em sala de aula a partir da relação entre os documentos e o processo de conhecimento histórico, recorremos a Maria Auxiliadora Schmidt. Essa historiadora apresenta um interessante relato sobre o exercício proposto pela Gincana Recriando Histórias que consiste em engajar alunos e a comunidade na busca por documentos em arquivos públicos e familiares, tarefa que proporciona a reunião de registros iconográficos, escritos e orais. Esse material foi reunido e analisado por meio de atividades desenvolvidas na escola, nas quais se produziram textos, desenhos, histórias em quadrinhos e entrevistas. Posteriormente, esses resultados foram publicados em um jornal, distribuído entre escolas e a comunidade em geral, bem como por meio da realização de uma exposição dos documentos e objetos coletados (Schmidt, 2007).

De acordo com a historiadora, a gincana pode ser entendida como uma estratégia de coleta de documentos e levantamento de novos conteúdos e interesses possíveis de serem trabalhados em sala de aula, envolvendo os alunos na produção de materiais com base em reflexões sobre a realidade que os cerca (Schmidt, 2007). Entretanto, é preciso frisar que não se pode perder de vista que a história regional ou local deve ser colocada em diálogo com a história nacional e global, conforme expresso por Schmidt (2007, p. 190):

> *É importante observar que uma realidade local não contém, em si mesma, as chaves de sua própria explicação. Ademais, ao se propor o ensino de História Local como indicativo da construção da consciência histórica, não se pode esquecer de que, no processo de globalização que se vive, é*

*absolutamente indispensável que a formação da consciência histórica tenha marcos de referência relacionais e identitários, os quais devem ser conhecidos e situados em relação às identidades locais, nacionais, latino-americanas e mundiais.*

Ainda quanto a essa relação entre o local ou regional e espaços mais amplos, é interessante destacarmos algumas reflexões desenvolvidas por André Roberto de Arruda Machado (2017). Segundo esse autor, é usual falarmos de uma história do "Brasil Colônia"; contudo, apesar de o nome *Brasil* ter sido utilizado antes do século XIX, apenas a partir dessa centúria é que se tornou possível falar em unidade política, antes inexistente. Por consequência, tratar nosso país como uma formação centralizada é uma ação que, muitas vezes, se estabelece em função de discursos nacionalistas – assunto que será abordado nos capítulos seguintes –, mas que, principalmente, incorre no erro do anacronismo, fazendo entender que as pessoas daquele contexto tinham um pensamento aproximado ou semelhante ao nosso (homens e mulheres do século XXI). Ainda de acordo com o historiador, a colonização portuguesa da América deve ser entendida como desdobramento de ações ocorridas na Europa e que envolviam os domínios portugueses em dimensão global (Machado, 2017).

Podemos pensar ainda em outro exemplo de tratamento da história regional em sua relação com as interpretações nacionais. Conforme observa Machado (2017), a historiografia entende o processo de independência do Brasil a partir de duas perspectivas: uma delas está pautada na passividade e na ausência de participação popular; a outra propõe uma ruptura entre Lisboa e o Império do Brasil a partir da decisão das elites políticas.

No entanto, quando examinamos a história da região do Pará, percebemos que os dois modelos interpretativos recém-apresentados não encontram respaldo, haja vista que a província paraense não se integrou à órbita do Rio de Janeiro, além de ter ocorrido uma série de grandes conflitos – que contaram com a participação de indígenas, escravos e desertores – até 1825. Ainda segundo Machado (2017), o que estava em disputa não se referia ao fato de os homens do Pará serem brasileiros ou portugueses, mas a um conflito em torno do modelo de Estado que seria implantado, inclusive com a possibilidade de deflagrar uma revolução.

Esses eventos que envolveram o Pará sempre foram entendidos como uma particularidade, uma especificidade regional. Porém, com o avanço das pesquisas, emergiram novas interpretações para a história do Império do Brasil, revelando que as disputas paraenses podem ser identificadas também em Pernambuco, na Bahia, no Maranhão, entre outros estados (Machado, 2017). Podemos afirmar, portanto, que a especificidade da região paraense não representa um caso singular no processo de formação do Brasil.

Como você pôde perceber ao longo das discussões sobre o ensino de História e suas relações com os temas regionais e locais, existem amplas e ricas possibilidades de estabelecer vínculos e reflexões mais diretas acerca da realidade que cerca os alunos, dando destaque ao papel dos indivíduos – todos eles, independentemente do prestígio social ou político – como agentes históricos, detentores de uma capacidade de ação nos espaços habitados por eles e pela comunidade na qual estão inseridos. Dessa forma, utilizar a história regional ou a história local como estratégia de ensino-aprendizagem favorece o interesse dos discentes, além de fomentar o envolvimento em prol da construção de uma consciência histórica.

## Síntese

Concluído este capítulo, podemos lançar um olhar retrospectivo para o conteúdo das páginas anteriores e notar o avanço na aquisição de novos saberes sobre um importante campo de pesquisa: a história regional. Como exposto, o interesse inicial pelos aspectos regionais, em um primeiro momento demonstrado por curiosos da história sem formação acadêmica, ganhou espaço nas universidades a partir da observação da realidade de um mundo e de um país em transformação, assim como dos questionamentos teórico-metodológicos próprios da historiografia.

Os caminhos de pesquisa que emergiram com as novas ideias questionaram as abordagens totalizantes e propuseram olhares mais atentos às características regionais, o que desafiou os historiadores a delimitar seu objeto a partir de um recorte espacial sobre o qual se assentavam sua problemática e as múltiplas possibilidades de abordá-la, seja por meio da escolha de fontes, seja pelas possibilidades teórico-metodológicas.

## Atividades de autoavaliação

1. A respeito dos fatores que contribuíram para a emergência e o fortalecimento da história regional, assinale a alternativa **incorreta**:
   a) A história regional surgiu em meio às críticas feitas por historiadores aos modelos totalizantes, que, muitas vezes, negligenciavam as especificidades regionais.
   b) Embora nascida em meio às críticas contra os modelos interpretativos totalizantes, a história regional não deve ser vista como um ramo auxiliar dos modelos macroanalíticos.

c) No caso do Brasil, a manutenção de um mesmo mapa político-administrativo ao longo de muitos séculos e a proliferação de costumes e identidades regionais acabaram inibindo o desenvolvimento da história regional.

d) Inicialmente vista como interesse de amadores, a história regional passou a ser uma área de interesse dos historiadores profissionais, ganhando espaço nos ambientes acadêmicos de pesquisa.

e) Uma das vantagens apontadas pelos historiadores para o desenvolvimento de pesquisas em história regional está na possibilidade de questionar concepções cristalizadas e repensar modelos explicativos totalizantes.

2. Considerando os diálogos entre a história regional e a história nacional, assinale com V as afirmativas verdadeiras e com F as falsas:

( ) A história regional está voltada para o entendimento de regiões distantes dos grandes centros de decisão do país, os quais devem ser estudados pela história nacional.

( ) Houve a resistência de alguns autores em aplicar leituras regionalistas para a compreensão da história de São Paulo, atitude que denota um entendimento pejorativo que alguns historiares nutrem a respeito do conceito de região.

( ) A inexistência da oferta de disciplinas de história regional por universidades localizadas nos centros hegemônicos do país, onde ocorrem as decisões sociopolíticas ou econômicas que impactam o Brasil, acaba fortalecendo a visão de que existe uma divisão entre regiões periféricas e a própria nação.

( ) A sensação de estar em uma região histórica onde ocorreram fatos decisivos para a história do Brasil pode representar um sentimento provocado por uma atitude deliberada, promovida por aqueles que pretendem exaltar um pretenso protagonismo dessa localidade.

( ) Por sua condição auxiliar, a história regional fornece subsídios para o desenvolvimento da história nacional.

A seguir, indique a alternativa que apresenta a sequência correta:

a) V, F, F, V, F.
b) V, F, V, V, V.
c) F, F, V, F, V.
d) F, V, V, V, F.
e) F, V, F, V, V.

3. O processo de recortar o espaço é essencial para a história regional. Considerando os cuidados necessários às pesquisas regionais, assinale a alternativa correta:

a) A primeira medida para desenvolver uma pesquisa no âmbito regional é determinar com exatidão qual será a região a ser estudada, inserindo-a em um quadro estático e, portanto, passível de ser analisado.

b) Característica do pensamento do século XVIII, a noção de região natural foi descartada por todas as pesquisas em história regional, a fim de evitar os determinismos geográficos.

c) Por serem institucionalizadas, as fronteiras políticas se apresentam como critérios sólidos para o estudo regional, característica que torna esses limites mais adequados para a história regional.

d) Os limites de uma região devem ser pensados a partir de elementos externos a ela, pois lhe são determinantes.

e) Pelo fato de muitas vezes ser condicionado a pensar os recortes temporais e espaciais de maneira estanque e tradicional, é necessário que o historiador regional abandone padrões de pensamento preestabelecidos a fim de considerar múltiplos critérios para o estabelecimento da região, favorecendo, assim, o entendimento do espaço de maneira mais complexa.

4. Sobre o uso das fontes para o estudo da história regional, assinale a alternativa correta:

a) Ao empreender uma pesquisa em âmbito regional, o historiador deve evitar a ilusão cômoda de que encontrará todos os documentos de que precisa em um único arquivo local.

b) Por se dedicar a pesquisas territorialmente circunscritas, a história regional carece de fontes e, por consequência, de historiadores que desenvolvam seus métodos.

c) Em virtude do orgulho pela história local, os arquivos municipais acabam dedicando mais atenção aos documentos regionais, favorecendo a conservação das fontes.

d) Por uma decisão do Estado brasileiro, todo documento de caráter público deve ser cedido pelo interesse privado, desde que o historiador o requisite perante um juiz ou promotor local.

e) Por se tratar de um aspecto eminentemente visual, a paisagem não pode ser considerada como uma fonte pertinente para a história regional.

5. Tendo em vista o que discutimos neste capítulo sobre o historiador francês Emmanuel Le Roy Ladurie e sua obra *Montaillou, povoado occitânico (1294-1324)*, assinale a alternativa correta:

   a) Considerado como um historiador dos Annales, Le Roy Ladurie deu continuidade às concepções historiográficas de seus mestres e estudou Montaillou por uma perspectiva macroanalítica.
   b) Conforme demonstrado no capítulo, Montaillou revelava os mesmos costumes e práticas que outros lugares do Ocidente Medieval, apresentando poucas especificidades em relação a outras aldeias e regiões medievais.
   c) O estudo de Le Roy Ladurie demonstrou que o povo de Montaillou detinha práticas e costumes próprios moldados por relações sociopolíticas, econômicas e culturais entre as pessoas que habitavam esse espaço.
   d) No que toca à concepção de espaço, Montaillou aparecia como uma vila com limites imprecisos, já que o povo que vivia nessa região carecia de parâmetros geográficos para determinar o território.
   e) Isolada em um território montanhoso e de difícil acesso, Montaillou permanecia incomunicável com outras localidades mais distantes do que os quarenta quilômetros que constituíam sua região.

## Atividades de aprendizagem

Questões para reflexão

1. Considerando as características sociais, políticas, econômicas e culturais da localidade onde você se insere, pense nos possíveis impactos ou contributos que sua região oferece em âmbito nacional. Escolha um elemento de análise e, em seguida, busque fontes que auxiliem na sustentação de seus argumentos a respeito das relações entre o regional e o nacional. Na sequência, elabore um texto com suas reflexões. Ao final desta atividade, você pode se reunir com os demais membros de seu grupo de estudos e desenvolver um debate sobre as análises de cada um.

2. Tomando como pressuposto as interpretações de Emmanuel Le Roy Ladurie a respeito da compreensão do tempo e do espaço em Montaillou, desenvolva suas próprias reflexões sobre como essas duas dimensões – temporal e espacial – podem ser percebidas na região onde você mora. Elabore seus argumentos e apresente-os em sala de aula, contribuindo para um debate mais amplo entre todos os seus colegas.

Atividades aplicadas: prática

1. De acordo com as reflexões desenvolvidas ao longo deste capítulo, elabore um roteiro de pesquisa que contenha os seguintes itens: região e delimitação inicial, justificativa, problemática e fontes a serem usadas.

2. Conforme mencionamos, as fontes são matéria essencial para a pesquisa e o ensino de história, o que demanda o trabalho dos historiadores em centros de documentação. Existe um arquivo documental em sua cidade? Se sim, visite-o e escreva um relatório sobre os tipos de fonte disponíveis e seus possíveis usos para o entendimento da história do local ou da região onde você se insere. Caso não haja um arquivo dessa natureza, desenvolva uma proposta para a criação de um arquivo municipal, recorrendo a argumentos que sustentem sua importância para a compreensão da história de seu município.

Capítulo 3
História local, história global: diálogos, limites e alcances

Nas páginas seguintes, adentraremos um debate que visa estender-se do o local até o global. Para tanto, começaremos tratando da história local e dos interesses que tocam as áreas territorialmente restritas, questão que nos levará às abordagens historiográficas com abrangência global, desde a história universal, passando pela história total, até a propostas para uma história global. Como não poderia ser diferente, as instâncias micro e macro demandam um tratamento imbricado, capaz de entrecruzar e relacionar os fenômenos próprios do pequeno e do grande espaço, ponto que buscaremos atingir ao final deste capítulo.

Assim, ao longo das discussões que circundam esses temas, você poderá refletir sobre como as histórias locais podem ser pensadas a partir de suas especificidades, ao mesmo tempo que os conhecimentos gerados pelas investigações em torno das localidades têm o potencial de fomentar interpretações em perspectiva globalizante. Dessa forma, ao abordarmos propostas e métodos historiográficos, nossa intenção é que você possa ampliar seus saberes sobre a complexa interdependência entre o local e o global.

## (3.1)
## História local

Se pararmos para refletir, perceberemos que todos nós temos ligações com o local onde habitamos e vivemos. No caso de uma pessoa crescer em meio às amizades da rua, esse espaço se tornará vínculo de afetos distintos. O mesmo vale para o bairro, que ainda pode representar um espaço socioeconômico de trocas com os conhecidos – o dono do minimercado, o farmacêutico de confiança, o açougueiro que nos oferece bons cortes e sabe nossos gostos… Enfim, os exemplos são abundantes.

Podemos citar, ainda, o caso dos ambientes socioculturais que se fazem presentes nessas localidades, como clubes ou quadras de escolas de samba, que congregam pessoas em torno de sociabilidades e objetivos comuns. Contudo, por sermos indivíduos do século XXI, as fronteiras do pequeno espaço não nos definem completamente, afinal, em um mundo crescentemente conectado pelas novas tecnologias móveis e com meios de transporte cada vez mais rápidos, a cidade em que vivemos representa um lugar de maior permanência e relações, mas está longe de ser o único. Por isso, costumamos nos manter conectados com pessoas e interesses situados a muitos quilômetros de nós.

Em contraste com o que ocorre em nossa realidade contemporânea, as pessoas de épocas anteriores não tinham as mesmas experiências de vinculação territorial que vivenciamos hoje. Segundo Pierre Goubert (1988, p. 70), até o século XVIII, os homens e as mulheres da Europa construíam seus pontos de referência em torno de pequenas cidades ou de seus arredores, não mais longínquos do que uma distância possível de ser percorrida em um dia de caminhada. Nessas localidades, a identidade comum era fomentada pelo costume local, arraigado no tempo, com suas leis, práticas culturais, atividades sociais e econômicas, uma mesma área judicial e suas leis, assim como crenças religiosas. Os filhos que iam nascendo se mantinham por ali, crescendo e reproduzindo os mesmos laços. Em geral, o povo pouco se deslocava, diferentemente dos sujeitos mais abastados e propensos aos deslocamentos mais extensos, favorecidos pelas relações políticas ou pelos domínios de saberes. Em geral, a maioria se entendia pertencente às cidades ou províncias de onde eram naturais.

Esse sentimento de pertencimento ao local acabava atrelando a memória à vivência nesse pequeno espaço, fazendo com que, no final do século XVI, as histórias cultivadas tratassem principalmente dos atos heroicos de personagens da cidade e de relatos que giravam em torno das famílias nobres e de seus antepassados, com seus títulos, suas honras e grandes nomes. Nas centúrias seguintes, essas histórias produzidas por diletantes passaram a ser publicadas por instituições localmente poderosas – como os estamentos ou os parlamentos –, no intuito de garantir seus interesses ao nutrir as ligações entre seus membros. Tais histórias locais experimentaram sua época de maior prestígio no século XIX, quando muitas sociedades ditas *eruditas* ou *letradas*, formadas por elementos da burguesia, ampliaram ainda mais a difusão das obras exaltadoras das glórias dos prestigiados personagens provincianos (Goubert, 1988, p. 71).

Conforme menciona Afonso de Alencastro Graça Filho (2009), esse gosto pela história local não era exclusividade da Europa. No Brasil, esse interesse apareceu em escritos de estudiosos amadores, funcionários públicos, religiosos e outros curiosos que escreviam sobre os fatos mais marcantes e pitorescos de seus municípios. Em virtude de suas características, essa forma de registro memorialístico local foi desprezada como menor diante das abordagens gerais, que buscavam entender o Estado por meio daquele modelo que os historiadores costumam chamar de *história política tradicional*, ou seja, interessada nos grandes líderes, em acordos diplomáticos, em guerras e atritos militares, bem como nas instituições administrativas e eclesiásticas e em tudo aquilo que tocasse o centro do poder institucionalizado estatal. Essa realidade não era, porém, hegemônica. Estudos com enfoque local foram desenvolvidos com procedimentos historiográficos reconhecidos pelos historiadores, e a história local atingiu um estatuto de prática acadêmica.

Depois dessas considerações, podemos passar a abordar a historiografia com recorte local, começando por apresentar a seguinte definição, proposta por Pierre Goubert (1988, p. 70):

> *Denominaremos história local aquela que diga respeito a uma ou poucas aldeias, a uma cidade pequena ou média (um grande porto ou uma capital estão além do âmbito local), ou uma área geográfica que não seja maior do que uma unidade provincial comum (como um* county *inglês, um contado* italiano, *uma* Land *alemã, uma* bailiwick *ou* pays *francês).*

Aproximando-se dessa proposta, mas adicionando-lhe outros elementos, Francisco Zuluaga (2006) caracteriza a história local como uma prática disciplinar que abarca os variados fatos e acontecimentos em comunidades ou espaços específicos de análise, preocupando-se marcadamente com a atividade humana em suas múltiplas manifestações, sejam movimentos individuais, sejam coletivos. Para tanto, o historiador deve atentar para a subjetividade do cotidiano da população local e buscar variadas tipologias documentais, a fim de mostrar os aspectos da realidade vivida no recorte que constitui seu objeto.

Essas definições de *história local* poderão ser mais bem compreendidas se voltarmos nossa atenção para o conceito de **lugar**. Conforme o geógrafo Yi-Fu Tuan (1983), toda experiência se consolida em um espaço, o que significa dizer que a vida dos seres humanos se desenvolve sobre um território, gerando sentimentos e pensamentos advindos de tudo aquilo que é vivido. Ao experienciar o espaço, os homens vão pouco a pouco criando lugares, pequenos locais onde se depositam identificações mais arraigadas em seus afetos, derivados dos contatos do indivíduo com as pessoas que habitam esse espaço e das relações estabelecidas com elas e entre elas. Sendo produto dos homens e do tempo, todo lugar tem sua história e, dessa forma, serve de objeto aos historiadores (Tuan, 1983).

Com essa explicação, você poderá retomar a leitura do primeiro parágrafo deste capítulo e refletir mais longamente sobre sua relação com os lugares que o cercam. Afinal, é dessa dimensão do que é vivido nos espaços mais próximos e marcados por repetidas experiências que trata a história local. Assim, vejamos o que dizem os historiadores sobre o conceito de lugar.

De acordo com o conjunto de ideias apresentadas por Zuluaga (2006), o lugar tanto localiza uma pessoa ou comunidade no espaço geográfico quanto assinala sua posição em relação a outros indivíduos ou grupos sociais. Portanto, refere-se ao ponto sobre o qual se estruturam as identificações que possibilitam o ato de se situar em relação a si próprio, assim como diante dos demais. O autor continua seu pensamento da seguinte forma:

*Dito de outra maneira, o local é o que dá sítio, situa um homem ou um grupo humano, mas, como esse situar-se é em si um processo de construção e mudança permanente, é uma angustiante gestação histórico-social com manifestações de práticas econômicas, políticas e culturais que lhe dão identidade e lugar em face de outras comunidades, tanto desenhando seu espaço e exercendo territorialidade como organizando-se em sociedade e produzindo uma forma de vida, uma percepção do mundo, uma cultura.* (Zuluaga, 2006, p. 3, tradução nossa)

Alargando o debate sobre o conceito de lugar com as contribuições de José D'Assunção Barros (2017), podemos concluir que, a partir da década de 1960, quando os geógrafos se dedicaram ao desafio de definir o lugar de acordo com suas possibilidades de abordagem pela geografia e, mais amplamente, pelas ciências humanas, o termo foi se distanciando do significado simplista de "localidade" para ganhar noções pautadas em um lado "de dentro" e outro "de fora". A pertença ao interior e o estranhamento em face do exterior se estruturam, assim, a partir da experiência humana concretizada por meio das relações sociais estabelecidas no seio de determinado espaço, o qual passa a ser entendido com base na visibilidade e nos significados que os indivíduos e os grupos lhe atribuem.

A efervescência dos debates sobre o lugar, seus significados e abordagens contribuiu para explicar o fortalecimento da história local a partir da segunda metade do século XX. Tratando das investigações realizadas na França, Pierre Goubert (1988) elogia o caráter inovador das abordagens que questionavam interpretações gerais há tempos estabelecidas, iluminando nuances locais sobre a participação política da nobreza de espada e da nobreza de toga, a posse de terras pelos camponeses durante a Idade Média e o Antigo Regime, a persistência de taxas feudais até o século XVIII em algumas aldeias francesas ou, ainda, a abrangência da chamada "crise geral" do século XVII. Fundamentado nesses resultados, Goubert (1988) defende a história local como um caminho propício para rever as ideias gerais cristalizadas e romper com os erros e preconceitos interpretativos, de modo a fornecer subsídios para derrubar os entendimentos sobre o passado consolidados em muitos livros (Goubert, 1988).

A fim de ampliarmos o escopo de nosso tema, evitando uma falsa impressão de que a história local é eminentemente francesa, devemos mencionar que a Inglaterra também apresentava interesse pelo tema. Segundo Graça Filho (2009), em 1960, a Escola da Universidade de Leicester advogava a favor das perspectivas locais, defendendo que a história da comunidade tinha tanta importância quanto a nacional. Com base nesse argumento, os membros dessa escola propunham que a história local tinha objetos e méritos de estudo próprios, sendo "capaz de revelar os detalhes mais finos e variados da experiência humana, corrigindo as generalizações apressadas que distorcem a realidade" (Graça Filho, 2009, p. 48).

Os historiadores brasileiros tampouco ficaram alheios ao interesse pela história local. Igualmente olhando para as propostas de entendimento da história do Brasil em suas variadas temporalidades, desde o período colonial ao contemporâneo, os pesquisadores se debruçaram sobre determinadas localidades ou regiões e suas especificidades sociopolíticas, econômicas e culturais. Nesse sentido, eles trataram de diversas problemáticas de maneira destoante das explicações tradicionais, contribuindo para a renovação dos entendimentos historiográficos. Você conhecerá alguns desses trabalhos de investigação no capítulo seguinte.

Considerando o que ficou a cargo das discussões sobre o surgimento, a definição e o desenvolvimento da história local, você deve ter percebido as proximidades dessa vertente historiográfica com as propostas que sustentam a prática da história regional. Esses dois campos de pesquisa realmente se tocam, compartilhando métodos de pesquisa que passam pelo zelo com o tratamento das fontes locais, pela pertinência das especificidades da localidade e pelo cuidado de não delimitá-la previamente – o que implicaria o risco de impor-lhe interpretações nacionais ou globais.

Diante disso, surge uma pergunta pertinente: Como distinguir entre história regional e história local? De acordo com a proposta de José D'Assunção Barros (2017), é necessário considerar os vocabulários historiográficos para pensar uma possível diferença entre esses dois campos. Se tomarmos o exemplo da França, perceberemos que a história local abrange tanto os estudos de locais quanto de regiões, sem grandes debates que busquem definir precisamente esses dois recortes espaciais. Possivelmente pela dimensão espacial do território francês, os historiadores desse país não sentiram a necessidade de "cunhar uma palavra especial para a modalidade historiográfica que lida com localidades menores, e outra para aquela que deveria lidar com porções mais amplas do espaço" (Barros, 2017, p. 198).

Tendo em vista as dimensões continentais do Brasil, entre nós os conceitos de *local* e de *região* acabaram assumindo empregos distintos na historiografia brasileira, indicando a delimitação de espaços menores e maiores, respectivamente. Nesse sentido, o **regional** seria um espaço relacionado a outros recortes que o circundam, formando um sistema portador de dinâmicas internas e regras próprias. Já o **local** estaria vinculado a recortes transversais, como as manifestações culturais ou políticas, ou seja, suscitando fenômenos específicos fora de um tratamento sistêmico que aborde um amplo conjunto de fatores (Barros, 2017).

Além desses aspectos, José D'Assunção Barros (2017) acrescenta que *história regional* pode ser uma denominação atribuída ao estudo de espaços mais amplos e que abrangem os menores, objetos da chamada *história local*. Ainda, o conceito de região pode ser usado pelos historiadores brasileiros como dimensão que medeia as relações entre o local e o nacional. Contudo, alerta o autor:

> *Pensar estas nuanças possíveis entre o "local" e o "regional" constitui apenas uma proposta, um exercício de imaginação historiográfica, já que frequentemente, entre nós, "História Local" e "História Regional" são expressões empregadas de maneira quase sinônima. Uma vez que temos ao dispor de nossa linguagem historiográfica as duas expressões, o que não ocorre com a historiografia de outros países, podemos tirar partido desta duplicidade de designações, fazer delas um instrumento para nos aproximarmos de uma maior complexidade relacionada aos diversos objetos historiográficos possíveis.* (Barros, 2017, p. 197)

Ainda que seja pertinente reconhecer a particularidade da língua portuguesa e seus reflexos na historiografia, que admitem a possibilidade de conceber o local como diferente do regional, é necessário evitar o exagero na tarefa de delimitar espaços de maneira rígida, sendo preferível abrir margens para compreender que esses dois rótulos sempre serão entendidos como fragmentos, ou seja, como partes de uma totalidade global. É nesse sentido que a história global tem considerado as localidades e seus impactos para repensar modelos interpretativos.

Se acompanharmos as propostas de Walter Mignolo (2003) para refletir criticamente sobre o lugar da América Latina na transformação das relações mundiais no século XIX e o processo de descolonização dessa porção do continente americano, poderemos notar que o autor emprega a palavra *local* como parcela da totalidade global. Assim, o local tanto pode ser uma região no interior dos recortes nacionais quanto uma área que abarca espaços transnacionais ou, ainda, a América do Sul em relação ao globo.

A relevância atribuída por Mignolo (2003) às histórias locais se alinha às propostas de pensar a história em perspectivas mais amplas com base em pressupostos distintos daqueles observados pelos historiadores até o final do século XX, intenção que fica expressa no seguinte trecho:

> *Pensar em uma história mundial ou na história universal é hoje uma tarefa impossível. Ou talvez sejam ambas possíveis, mas sem credibilidade. As histórias universais dos últimos quinhentos anos foram imbricadas em projetos globais. Hoje, as histórias locais estão assumindo o primeiro plano e, da mesma forma, revelando as histórias locais das quais emergem os projetos globais com seu ímpeto universal.* (Mignolo, 2003, p. 46)

Essas palavras nos remetem aos debates atuais a respeito das possibilidades de pensar os fenômenos históricos em âmbito mundial, o que não pode ocorrer, contudo, sem que se promova uma revisão, acompanhada de propostas renovadas, de como compreender a relação entre o local e o global. Seja como for, a história local, independentemente de ser tratada como processo de compreensão de uma pequena localidade ou de uma região, passou a ter relevância para as propostas historiográficas surgidas no final do século XX. É nesse debate que vamos nos deter na continuidade deste capítulo.

## (3.2)
## HISTÓRIAS EM MACROPERSPECTIVA

Adentrar o exame das propostas historiográficas globais ou mundiais demanda apresentar um panorama que se estende desde a Antiguidade até a contemporaneidade, de modo a esclarecer três abordagens distintas, mas que convergem em suas pretensões de analisar o amplo espaço: história universal, história total e história global.

Partindo do que propõe Pamela Kyle Crossley (2015, p. 16), devemos observar que as tradições religiosas e culturais da Antiguidade são marcadas pela elaboração de histórias que buscam explicar a origem do Universo e o surgimento dos homens, construindo-se narrativas que não se centravam apenas em agrupamentos locais ou em nações. Em se tratando dos textos religiosos, a Bíblia hebraica tem papel de destaque, pois se propõe a contar a história desde a criação do Universo até o momento de sua escrita, registrando relatos de muitos grupos humanos – hebreus, sumérios, babilônicos, egípcios – e seus costumes, bem como suas línguas, seus cultos religiosos e sua organização sociopolítica. Ao lado dos textos religiosos, os épicos *Gilgamesh*, do Iraque antigo, *Ilíada* e *Odisseia*, da Grécia antiga, e *Mahâbhârata* e *Râmâyana*, da Índia antiga, também podem ser mencionados como obras que congregam as experiências de vários povos, suas movimentações, interações e convivências (Crossley, 2015).

Diante disso, cabe-nos perguntar: O que caracteriza a história universal? De acordo com o historiador indiano Sanjay Subrahmanyam

(2017), essa é uma narrativa centrada em si, que parte das relações humanas mais próximas – vínculo sanguíneo ou étnico, cidade, região de nascimento, pátria e, depois do século XVIII, o Estado-nação. Sendo uma "história de si", a história universal é marcada pelo olhar centrado nos valores de quem a escreve, pouco se preocupando em considerar as formações linguísticas, religiosas, dos costumes ou sociais dos povos que cercam o observador. Ou seja, na abordagem universalista, a perspectiva de análise é única e parte de quem a escreve.

Para comprovar sua proposta, Subrahmanyam (2017) aborda um conjunto de escritores que construíram suas histórias com base em uma visão que partia de si e dos grupos sociais nos quais tais escritores se inseriam. Assim, na Antiguidade, Políbio, um grego do século II a.C que viveu sob o domínio romano e escreveu a obra *Histórias*, adotou a visão dos vencedores e buscou compreender como Roma havia derrotado os povos da Grécia e conquistado amplos territórios. Essa seria a primeira história universal, não pela abrangência do espaço – não maior do que o mundo romano –, mas pela forma de entender os processos históricos centrada em uma perspectiva dos romanos. Assim também fez o chinês Sima Qian, contemporâneo de Políbio e autor da obra *Shiji*, que abarca dois milênios da história da China e registra as viagens do escritor, motivadas por sua carreira imperial. Na Idade Média, os exemplos vêm de Isidoro de Sevilha e Abu Jafar al-Tabari, respectivamente cristão e muçulmano, que tratam de questões da humanidade desde a criação do Universo, tendo como marca suas visões religiosas sobre o mundo (Subrahmanyam, 2017).

Esse modelo de história universal se manteve ao longo da Idade Moderna. Como exemplo do vigor experimentado por essa modalidade de escrita da história, podemos citar a obra *Monarquia lusitana*, escrita entre o final do século XVI e a primeira metade do século XVIII, composta por um total de oito volumes que tratam de Portugal desde a criação do mundo até o século XIV. Os cronistas responsáveis pela elaboração desse material, todos eles com formação religiosa, dão notícia do reino português e de suas relações com diferentes povos oriundos de variadas partes do mundo, mas sempre partindo de sua própria perspectiva para analisar o outro.

Já no princípio do século XX, mais precisamente em 1901, Herbert George Wells publicou a obra *História universal*, empreitada justificada pela carência de seus leitores em ler uma visão da história para além da Inglaterra, argumentando que estes deveriam ter um entendimento da experiência humana em vários lugares do mundo. Contudo, como argumenta Pamela Kyle Crossley (2015), Wells pensava a história universal apenas como agrupamento de histórias nacionais – portanto, o autor tinha seu pensamento marcado pelo nacionalismo.

Principalmente a partir do século XIX, a história universal passou a ser construída por um tempo único e linear que impunha aos homens uma trajetória evolutiva, fazendo com que a história fosse pensada do passado ao futuro como um caminho de progresso. Um século depois, a Primeira e a Segunda Guerra Mundial provocaram uma angústia em torno das certezas de prosperidade humanas, razão pela qual o progresso deixou de ser pensado como caminho universal e passou a ser compreendido como condição experimentada pelas sociedades em seu contexto histórico. Nesse sentido, o tempo passou a ser entendido como distinto e plural, concepção que embasou o pensamento de Fernand Braudel e suas propostas para uma história total (Hartog, 2013).

À frente dos Annales e próximo das ideias de Lucien Febvre e de Paul Vidal de La Blache, Fernand Braudel passou a considerar os vários ritmos do tempo em sua proposta de longa duração, que envolvia ainda a ampliação do espaço de observação do historiador para uma dimensão global, a fim de atender às demandas de uma história totalizante. As linhas gerais de suas propostas foram anunciadas com o artigo "História e ciência sociais: a longa duração", publicado originalmente na revista *Annales. Économies, Sociétés, Civilisations* no ano de 1958. É desse texto que destacamos o seguinte trecho:

> *Quer se considere o ano de 1558 ou o ano da graça de 1958, trata-se, para quem deseja apreender o mundo, de definir uma hierarquia de forças, de correntes, de movimentos particulares, depois de reapreciar uma constelação em seu conjunto. A cada instante dessa pesquisa, será preciso distinguir entre movimentos longos e arrancadas breves, estas, tomadas em suas fontes imediatas, e aqueles, no plano de um tempo longínquo. O mundo de 1558, tão enfadonho no que diz respeito à França, não nasceu no começo desse ano sem interesse. O mesmo se pode dizer, ainda no caso francês, do ano de 1958. Cada "atualidade" reúne movimentos de origem, de ritmo diferentes: o tempo de hoje data simultaneamente de ontem, de antes de ontem e de outrora.* (Braudel, 2011, p. 99)

Por essas palavras, podemos constatar o anúncio do esforço de compreender a história dos homens em sua longa duração, desde o presente de Braudel, ou seja, 1958, até o passado, que poderia ser o ano de 1558 ou anterior. Esse tempo também tem estratos breves, médios e longos, cada um com seus arranques, com suas rupturas e continuidades. O tempo da história deixaria de ser, portanto, uma linha, perspectiva que orientava a história universal. A compreensão do mundo – como orientação para uma historiografia que se propunha abrangente – estava associada a uma abordagem totalizante do social (Braudel, 2011).

Segundo Giovanni Levi (2018, p. 28), a história total estaria atrelada a uma história global, ao abranger a globalidade dos fatos históricos, compreendidos como uma rede de vinculações possível de ser entendida na totalidade de seus fatores sociais, políticos, econômicos e culturais, fosse em um pequeno recorte espacial, fosse em uma ampla dimensão. Diante dessa afirmação, é importante você perceber que a história total é assim denominada em razão de sua proposta de compreensão de uma totalidade social, e não por qualquer pretensão de considerar a totalidade mundial como critério essencial de suas investigações.

Centrado em torno desse pensamento, Fernand Braudel propôs meios de compreender um mundo que se estreitava em suas relações comerciais, desenvolvendo uma abordagem mundial que levava em consideração não apenas o amplo espaço, mas também o tempo, estendendo suas abordagens ao longo de séculos. Não se trata ainda de falarmos em globalização, mas o historiador francês demonstrava como o crescente contato entre os povos possibilitou formações sociopolíticas vinculadas em perspectiva global. Nessa ótica, além das obras abordadas nos capítulos anteriores deste livro, devemos buscar visualizar o esforço de Braudel em efetivar as propostas de pesquisa que ele anunciou em suas análises sobre o capitalismo e a economia-mundo no período moderno.

Constituída por três volumes, a obra *Civilização material, economia e capitalismo: século XV a XVIII* carrega a marca de Fernand Braudel no que diz respeito à preocupação com a geografia, com o tempo e com as vinculações dos pequenos espaços aos movimentos globais entre os séculos XV e XVIII. O historiador francês inicia tratando das questões mais cotidianas: os fluxos populacionais, o clima e as marés, a produção de alimentos e a fome, mas também a guerra e suas técnicas. Em seguida, passa a analisar a produção capitalista e as trocas que ligavam a Europa, os locais produtores de bens, as linhas e os ritmos do comércio, além das estruturas sociais e dos elementos culturais. Por fim, Braudel promove uma visão panorâmica do tempo, retrocedendo para períodos anteriores ao recorte temporal proposto para seu estudo, e alarga o escopo geográfico para entrelaçar Europa, África, Ásia e América por meio das relações de produção e trabalho, bem como do crescimento das cidades europeias e seu potencial econômico.

A obra de Fernand Braudel tem como fio condutor a ideia de **economia-mundo**. Esse conceito não deve ser confundido com o de economia mundial, que abrangeria a Terra inteira. Ao contrário, a economia-mundo se refere a espaços delimitados do globo que são economicamente autônomos e têm a capacidade de suprir suas demandas a partir de trocas internas, mas que também experimentam transações comerciais em suas margens, vinculando-se a outros espaços, integrando outras economias-mundo e cruzando os limites de impérios e seus governantes (Braudel, 2009). Nesse sentido, o mundo não é visto como uma unidade, mas como fragmentos que dialogam e trocam produtos, ideias e culturas.

Quando Fernand Braudel publicou o primeiro volume de *Civilização material, economia e capitalismo*, em 1979, novos desafios se apresentavam a um mundo que experimentava uma série de transformações no final do século XX e, por consequência, suscitavam questionamentos ao pensamento historiográfico. De acordo com Lynn Hunt (2014), a partir das décadas de 1980 e principalmente 1990, os historiadores passaram a se interessar pela imensa gama de processos designados como *globalização*, acompanhada por outros fenômenos que tomariam corpo e cresceriam vertiginosamente apenas no século XXI: a internet e uma sociedade que, mesmo em seus âmbitos regionais, não deixaria de estar vinculada ao global.

Esses acontecimentos, certamente importantes, somam-se a outros que marcaram o horizonte da segunda metade do século XX:

a descolonização da África e da Ásia a partir de 1960 e a emergência de novos arranjos de países no âmbito regional; os protestos contra Partido Comunista Chinês e o massacre na Praça da Paz Celestial em 1989, mesmo ano em que ocorreu a queda do Muro de Berlim; o início da abertura política da União das Repúblicas Socialistas Soviéticas (URSS) por Mikhail Gorbachev no ano de 1990, seguido pelo colapso da União Soviética e pelo fim da Guerra Fria; a soltura de Nelson Mandela nesse mesmo ano. Esse contexto de agitada efervescência tinha lugar em meio ao aumento populacional e à criação de novas tecnologias e demandas de mercado, contrastando com o aumento das desigualdades sociais e com a ampliação do fosso que se abria entre ricos e pobres em um mundo globalizado (Hunt, 2014; Santos Júnior; Sochaczewski, 2017).

Sob os impactos desse contexto, o interesse pela história mundial se manteve na ordem do dia, como aponta Lynn Hunt (2014). A autora menciona as propostas da Organização das Nações Unidas para a Educação, a Ciência e a Cultura (Unesco) para fomentar pesquisas em torno de questões internacionais a partir de perspectivas de análise que considerassem espaços mais alargados do que os definidos pelas fronteiras dos Estados; a iniciativa de algumas universidades em relação à criação de programas de especialização que formassem historiadores profissionais aptos a estudar os impactos causados nas identidades nacionais pela imigração; ou ainda as provas para o provimento de cargos de docência na França que, apesar de manterem foco na Europa, passaram a cobrar uma análise das relações desse continente com outras localidades ao longo de diversos recortes temporais.

Contudo, essas formas tradicionais de compreender a história, centradas em narrativas nacionais e marcadamente europeias, passaram cada vez mais a ser vistas como insuficientes para compreender a complexidade das relações mundiais que marcaram o horizonte do final do século XX e que se mostrariam ainda mais multiformes nas duas primeiras décadas do século XXI. Foi do desafio de entender esses novos tempos que emergiram as propostas de desenvolvimento de uma história global, debatida atualmente por muitos dos historiadores que se propõem a pensar os fenômenos em escala mundial.

Assim, definir o que é história global é uma tarefa difícil até mesmo para os historiadores globais. Logo no título de seu artigo, João Júlio Gomes dos Santos Júnior e Monique Sochaczewski admitem que a história global é "um empreendimento intelectual em curso", reconhecendo que "a chamada história global não tem definição unânime. Há, porém, algumas características claras, sobretudo a ideia de pensar a história para além das fronteiras nacionais e também a necessidade de 'provincializar' o Ocidente" (Santos Júnior; Sochaczewski, 2017, p. 483). Mostrando acordo com esse entendimento, Pamela Kyle Crossley (2015, p. 20) admite que a história global "é um empreendimento emergente, com um conjunto de premissas e questões radicalmente diferentes", e acrescenta:

> *O enigma que a história global se propôs é como contar uma história sem um centro. Ela não está muito segura de que isso possa ser feito. Em última instância, o artifício da história global, se ele fosse posto em prática, não seria texto, ou arco da história, ou um conceito analítico. Seria mais provavelmente um "fiandeiro de contexto" que em um determinado momento pode ordenar eventos e estatísticas [...].* (Crossley, 2015, p. 15)

Tendo em vista essas considerações, percebemos que a história global se alinha ao interesse dos homens em construir e explicar uma história em perspectiva que abranja o amplo espaço, como pretendiam a história universal e a história total. No entanto, a história global entende essas duas vertentes historiográficas como influenciadas por um viés eurocêntrico e nacionalista, do qual pretende desvencilhar-se. Assim, partindo de um presente marcado por profundas rearticulações políticas, econômicas, sociais e culturais e, ainda, compartilhando espaços cada vez mais aproximados e estreitados pelas novas tecnologias, os historiadores globais aceitaram o desafio de superar os limites impostos pelas fronteiras nacionais e pelo peso das perspectivas ocidentais voltadas às abordagens macroespaciais. Esse esforço não nasceu, contudo, no final do século XX, podendo ser constatado séculos antes.

A tímida passagem da história universal para a história global teria ocorrido, de acordo com a análise de Sanjay Subrahmanyam (2017), no início do século XV, com as abordagens propostas por cronistas ibéricos. Em Portugal, Fernão Lopes defendia que sua obra havia sido construída com base em relatos e documentos de variadas localidades, cuidado que seria necessário ao historiador para evitar "afeições" e, assim, não se deixar enganar pelo amor à pátria a ponto de deturpar a análise dos fatos. João Barros, cronista oficial português do começo do século XVI, foi ainda mais longe e, aproveitando-se também da proximidade com os negócios portugueses na Índia, comprou textos e manuscritos asiáticos, assim como escravos que pudessem lê-los, tornando possível a escrita de sua obra *Da Ásia*. Tendo contato com a produção portuguesa, os espanhóis, para contarem suas histórias, também passaram a atentar para os relatos dos nativos das terras conquistadas e colonizadas.

No início do século XVII, a escrita de obras com caráter histórico que levavam em conta documentos e escritos de localidades distintas se ampliou, assim como a circulação desses materiais, fato que provocou a emergência de publicações marcadas pelo interesse por temas globais. Esse fenômeno pode ser explicado pelo contexto de reconhecimento dos limites da Terra, no qual o globo passou a ser entendido como um objeto histórico, ou seja, passível de ser abordado por suas histórias em âmbito global, o que favoreceu os diálogos entre os diferentes locais e motivou sua convergência para problemáticas que aproximavam espaços distintos (Subrahmanyam, 2017, p. 234).

Esse impulso rumo à consideração de outros olhares que vinculassem múltiplas localidades por meio de fontes variadas não se consolidou como prática hegemônica. Ainda assim, essas possibilidades interpretativas se mostraram como uma preocupação no horizonte daqueles que, séculos antes de nós, se dedicaram à história e a suas problemáticas. Observadas pelos historiadores da contemporaneidade, tais possibilidades de interpretação significam oportunidades para a renovação dos campos historiográficos e de seus métodos.

O repensar das práticas historiográficas do passado a partir dos desafios do presente também promoveu críticas aos modelos interpretativos totalizantes. Nesse sentido, embora reconheça a importância central das obras de Fernand Braudel e suas contribuições para as elaborações teórico-metodológicas voltadas ao entendimento das relações mundiais, Sanjay Subrahmanyam (2017) afirma que o historiador francês imprimiu uma assimetria na forma de olhar para as relações da economia-mundo ao considerar sobremaneira as perspectivas e fontes europeias. A atenção à consideração equilibrada dos múltiplos olhares dos atores sociais que compõem a realidade histórica se mostra, portanto, como uma das principais preocupações para os historiadores que buscam definir caminhos possíveis para propor metodologias de análise global.

Tratando das especificidades da história global, Pamela Kyle Crossley (2015) menciona que os métodos dessa proposta historiográfica são distintos dos usados pela história regional ou pela história nacional, constatação que não implica hierarquizar esses saberes e maneiras do fazer historiográfico, haja vista que os "historiadores globais fornecem aquilo que os historiadores regionais não podem fornecer, e o oposto também é verdadeiro" (Crossley, 2015, p. 13).

Como a história global constitui um campo de pesquisa em desenvolvimento, os historiadores globais não apresentam um consenso em torno dos métodos próprios de seu fazer historiográfico, se é que seria possível estabelecer de maneira precisa quais seriam os procedimentos necessários para compreender histórias em dimensão global. Aproveitando a emergência de múltiplas propostas teórico-metodológicas, a história global experimenta um leque de possibilidades para abordar seus objetos e suas problemáticas, sempre à procura de estratégias para se desvencilhar de visões impositivas, como o nacionalismo e o eurocentrismo.

Sob essa ótica, a história comparada, afirmam João Júlio Gomes dos Santos Júnior e Monique Sochaczewski (2017), pode favorecer um entendimento de uma problemática a partir da comparação entre dois ou mais objetos, demonstrando suas aproximações e seus distanciamentos no tempo e no espaço – caminho possível para evitar os recortes nacionais. Com ressalvas a essas afirmações, José D'Assunção Barros (2014) propõe que a história comparada não logrou romper com as perspectivas nacionalistas; no entanto, segundo o autor, há possibilidades de aprofundar as críticas dessa vertente historiográfica de modo a alinhá-la a uma história global que coteje os âmbitos internacionais e interculturais.

Ainda de acordo com José D'Assunção Barros (2014), a história interconectada pode oferecer liberdade ao historiador para estabelecer vínculos que sejam capazes de relacionar "grupos sociais, identidades étnicas, definições de gênero, minorias, classes ou categorias profissionais" (Barros, 2014, p. 280) sem se prender ao traçado fronteiriço das nações. Procedendo de modo relacional a partir de fenômenos aproximados em nível transnacional, o historiador das interconexões pode efetivar um avanço nas propostas da história comparada no que diz respeito aos recortes e às abordagens em dimensões globais. Ainda, Barros (2014, p. 287) salienta que

> As histórias interconectadas, assim como outras modalidades similares, requerem acima de tudo um rompimento com relação aos padrões historiográficos que costumam orientar as escolhas temáticas habituais, às quais uma boa parte da historiografia já se acostumou de modo demasiado rígido. Liberar o olhar historiográfico parece ser a sua pré-condição.

De fato, essa libertação das perspectivas historiográficas consolidadas no sentido de propor novas abordagens é a característica de maior relevo para as novas abordagens mundiais ou globais. Nesse contexto, é válido mencionar as potencialidades da história oceânica para evitar visões nacionalistas, pois essa vertente daria condições ao historiador para analisar os intercâmbios culturais estabelecidos pelos roteiros marítimos, que também compunham as rotas comerciais entre os portos, as cidades e as áreas rurais de produção, conectando continentes e nações distintos em suas formações históricas, mas vinculados em suas relações transnacionais (Crossley, 2015; Santos Júnior; Monique Sochaczewski, 2017).

A esta altura, e consciente dos desafios da pesquisa historiográfica, talvez você esteja se perguntando sobre os esforços e as habilidades necessárias a um historiador global para vencer demandas que congregam espaços tão amplos quanto continentes e oceanos. Se essa inquietação passou pela sua mente, você não está sozinho. Realmente, essa é uma preocupação latente para as novas propostas em história global.

Buscando abordar linhas metodológicas para o desenvolvimento de análises globais, Pamela Kyle Crossley (2015) ressalta que, em se tratando de um empreendimento emergente, a história global não dispõe de um método definido e bem estabelecido; por isso, o historiador deve ficar atento às demandas de seu objeto de estudo. Entretanto, alguns pressupostos são essenciais para o esforço de compreensão global. De pronto, é pertinente ter a consciência de que não haveria, segundo a autora, um fato mundial, mas um conjunto de acontecimentos locais ou regionais que formam um quadro maior, pressuposto que exigiria do pesquisador global a reunião de inúmeros estudos desenvolvidos por estudiosos que se dedicam a analisar os contextos mais delimitados, tarefa que lhe possibilitaria isentar-se de abordar as fontes primárias e atentar diretamente aos resultados apresentados por diversos investigadores.

A proposta metodológica de Pamela Kyle Crossley (2015) está longe de ser aceita sem críticas. Com uma objeção em relação a essa autora, João Júlio Gomes dos Santos Júnior e Monique Sochaczewski (2017, p. 493) afirmam:

> *Ao que parece, porém, o historiador global pode tanto lançar mão de pesquisas secundárias em suas análises como de fontes primárias, atentando para as especificidades de cada lado no âmbito de uma pesquisa multiarquivo: da natureza da fonte, de seu idioma, e também de seu acesso. Nesse sentido, a tecnologia vem facilitando a vida dos pesquisadores atentos a questões globais, uma vez que são muitas iniciativas de digitalização de fontes.*

Embora o trabalho com as fontes primárias seja um assunto que divida os historiadores globais, outros tópicos os aproximam, a ponto de serem considerados como essenciais para a história global. Assim, o cuidado com os recortes temporais e espaciais é fundamental para delimitar um objeto de estudo adequado às habilidades do pesquisador, favorecendo uma autorreflexão que pode levar a uma abordagem complexa e distante de imposições ideológicas ou nacionalistas, sem exagerar nas relações entre os âmbitos transnacionais. Outra necessidade vinculada ao recorte é trabalhar com a longa duração e com arquivos e bibliografias de múltiplas localidades, o que exige do pesquisador domínio das tecnologias contemporâneas para ter acesso a essas informações espacialmente distantes, bem como o conhecimento de línguas – modernas e antigas – a fim de ser capaz de ler as produções documentais e historiográficas oriundas das partes do mundo abordadas por sua investigação (Crossley, 2015; Santos Júnior; Sochaczewski, 2017).

Considerando o que discutimos ao longo das páginas anteriores, podemos perceber que desde a Antiguidade os homens apresentam interesse pela história em dimensões globais ou mundiais. Se, a princípio, esse esforço estava congregado naquilo que podemos chamar de *história universal*, centrada na visão de um único povo sobre os demais, essa forma de ver o mundo foi dando espaço para uma alteridade que se propõe, atualmente, a olhar para tais relações globais buscando considerar de maneira equilibrada as concepções específicas dos variados grupos humanos em suas relações, sem impor visões de um sobre os outros.

Desse modo, para que possa ser pensada e desenvolvida, a história global deve considerar os espaços menores do mundo e suas trocas comerciais e culturais, além de vinculações políticas ou de conflitos sociais. Esses fenômenos, que ocorrem de maneira relacionada, somente podem ser percebidos nas múltiplas divisões do espaço, o que leva à necessidade de compreender os diálogos entre o local e o global para pensar uma história que conecte o micro e o macro.

Antes de concluirmos as reflexões sobre a história global, precisamos alertar sobre a existência de extensas divergências entre os historiadores a respeito dessas propostas teórico-metodológicas. Tais discordâncias se expressam em críticas às propostas dos historiadores globais, demonstrando que a historiografia é um campo efervescente de ideias e disputas.

Contra as acusações de que os franceses teriam perdido o fio da historiografia com o abandono do pensamento global e o fechamento em torno dos legados de Braudel ou os encantos da micro-história, Patrick Boucheron (2015) afirma que tais argumentos são inexatos, pois os historiadores da França nunca teriam abandonado o pensamento em torno de uma historiografia com perspectivas globais. Contudo, ele não partilha dos mesmos preceitos advogados pela história global.

Ainda segundo Boucheron (2015), as abordagens globais não gozam do prestígio ou da hegemonia que os historiadores que as defendem julgam que elas tenham, inclusive pelas confusões que suscitam, como no caso daquela que defende a equiparação entre a história global e a história conectada, as quais, na opinião do autor,

> não têm quase nada em comum do ponto de vista metodológico ou epistemológico; a primeira costuma propor uma grande narrativa, de longa duração e cobrindo vastos espaços, sobre fenômenos muito gerais, agenciando informações heterogêneas, ao passo que as "histórias conectadas" repousam na exploração intensiva de recursos arquivísticos locais para abordar de perto das interações sociais. (Boucheron, 2015, p. 8)

Para além de criticar a pretensa e falsa homogeneidade da história global, o autor afirma que os historiadores globais concentram seus esforços em debates teóricos e em propostas de execução, porém pouco produzem em termos de análises contextuais. Isso faz com que suas propostas se mostrem como tendências de análise tão ideológicas quanto o nacionalismo ou o eurocentrismo que eles combatem, mas buscando atender a uma demanda global por narrativas reconfortantes (Boucheron, 2015). Dessa forma, nas palavras de Patrick Boucheron (2015, p. 13), a história global seria

> *a história de que o mundo precisa hoje – um mundo mais aberto e mais tolerante, que os historiadores devem contribuir para tornar mais habitável. Se não o fazem, recusando-se a oferecer a globalização como horizonte e como esperança, obstinando-se laboriosamente em suas pequenas velharias obsoletas – digamos, as histórias nacionais – então devem ao menos explicar o por quê.*

Nesse sentido, Boucheron (2015, p. 15) afirma que as propostas da história global, no sentido de manter um interesse nas grandes narrativas de um mundo que se abre para as trocas e a mundialização, acabam encobrindo o fato de que os movimentos de antimundialização também fazem parte da história, assim como os conflitos, as diásporas, o trabalho escravo, as migrações políticas, entre outros movimentos.

Diante desses argumentos, é importante você compreender que a história global se constitui em propostas variadas de análise e compreensão para a história dos homens por meio de reflexões em âmbito global. Embora seja praticada por um número considerável de pesquisadores, essa vertente historiográfica não pode ser compreendida como hegemônica ou livre de divergências no campo da história.

## (3.3)
## O LOCAL E O GLOBAL: DIÁLOGOS POSSÍVEIS

Agora que você está a par dos debates em torno da história local e da história global, bem como de suas propostas e orientações metodológicas, podemos passar aos diálogos historiográficos possíveis de serem feitos entre essas duas instâncias do espaço. Ao abordarmos a relação entre as localidades e a globalidade, você poderá notar que as fragmentações territoriais não são absolutas, mas formam uma abrangência maior, capaz de ser percebida de acordo com os limites e alcances das abordagens historiográficas.

Ainda neste capítulo, tivemos a oportunidade de tratar da história total e de sua maneira de lançar olhares e estabelecer interpretações em torno de temas com abrangência global. Aproveitando-nos do que discutimos anteriormente, vamos retomar essa perspectiva historiográfica e o sentido que ela aplica às localidades que constituem o macroespaço. Para tanto, e a fim de ampliarmos os contatos entre você e um leque maior de pensadores e obras, deixemos a figura de Fernand Braudel para nos aproximarmos de Pierre Chaunu, historiador orientado pela longa duração e pela abordagem de espaços amplos.

Podemos afirmar, sem medo de errar, quem nem mesmo uma ilha se constrói como localidade isolada. Ora, se o mar a isola, também a vincula, e entender essas dinâmicas perpassa as formas de observar as circunstâncias. São justamente essas relações que Pierre Chaunu demonstra ao analisar uma variedade de ilhas localizadas ao longo dos caminhos comerciais entre *Sevilha e a América nos séculos XVI e XVII*, título do livro no qual vamos nos concentrar neste momento.

Segundo Pierre Chaunu (1979), sua intenção foi compreender, entre outros fenômenos, as atividades comerciais, a flutuação dos preços, as linhas de transporte e os navios que cruzavam o Atlântico entre a Espanha e a América e que estruturaram a economia entre o Velho e o Novo Mundo nos séculos XVI e XVII. Instigado pelas propostas de Fernand Braudel, seu intento foi "elaborar uma história econômica próxima de uma economia política atormentada pelas flutuações" (Chaunu, 1979, p. 11). Para tanto, o autor mergulhou nos arquivos mantidos em Sevilha, onde teve acesso a uma imensa quantidade de registros acerca das movimentações econômicas atlânticas.

No decurso das rotas que ligavam as zonas de comércio que se abriam e se vinculavam com a expansão marítima no início da Idade Moderna, as ilhas ocupavam uma posição estratégica. O arquipélago das Canárias se constituiu, conforme a abordagem de Chaunu (1979), como escala indispensável para o comércio de Espanha e Portugal com áreas coloniais do Novo Mundo e da Índia, especialmente pelo seu potencial de abastecer os navios com os víveres necessários ao longo percurso das viagens transcontinentais (água, pão e carne), bem como de permitir o reparo das embarcações (o que consumia largas quantidades de madeira, acelerarando o desmatamento da localidade) e de propiciar abrigo contra os perigos do mau tempo. Também fizeram parte da economia canária o duradouro tráfico de escravos e a produção de açúcar (depois suplantada por outros locais de produção e rotas) e de trigo, cultivo rural de primeira importância que perdeu espaço para a vinha e a produção vinícola no início do século XVII (Chaunu, 1979).

Colocadas como laboratório do Novo Mundo, as Canárias "prepararam-no, alimentaram-no e, ainda mais, alimentaram-se dele: o seu crescimento fez-se, por assim dizer, em função do império" (Chaunu, 1979, p. 53). Esse império mencionado pelo autor é tanto o português quanto o espanhol, que buscavam aproveitar-se do que as ilhas podiam oferecer, ao mesmo tempo que se esforçavam para conter o tráfico promovido pelos canários na América, repressão que, no entanto, muitas vezes, não surtia o efeito desejado pelos governos de Portugal e da Espanha.

Apesar desses enfretamentos, Sevilha e as Canárias estabeleceram uma estreita colaboração, pois, além de essencial para o comércio espanhol, o arquipélago era fonte de taxações fiscais e também funcionava como posto militar avançado da Espanha nas águas atlânticas, motivo que levou à construção de fortificações e à autorização do porte de armas pela população das ilhas. A tudo isso acrescentamos que, em virtude do fluxo de pessoas de diferentes locais do globo, as Canárias foram assoladas por subsequentes episódios de peste entre os séculos XVI e XVII, o que comprometeu a mão de obra local (Chaunu, 1979).

Depois de apresentar esse panorama sobre as Canárias e sua posição nas estratégias econômicas da Espanha, o historiador afirma: "O reflexo do vasto mundo reencontra-se aí, nesse microcosmo das Canárias. Queixas tradicionais contra a alta dos preços; venalidade dos ofícios; pobreza ou dificuldades alimentares cujos anos correspondem bem ao que se pode saber, de modo mais seguro, sobre a Península Ibérica" (Chaunu, 1979, p. 59-60).

A forma como Pierre Chaunu caracteriza as Canárias como parcela do amplo espaço do Império Espanhol revela suas perspectivas de análise a respeito das relações entre o local e o global. Diante disso, a chave para compreendermos o pensamento do autor reside justamente em sua forma de entender o arquipélago das Canárias como um microcosmo, ou seja, como uma redução em pequena escala de uma realidade muito maior que envolve e determina a vida no local.

Nesse sentido, a abordagem desenvolvida pelo autor coloca as Canárias como fragmento ou mera peça do conjunto maior, representado pelo Império Espanhol, entendendo a localidade por meio das relações econômicas com a Europa e a América, mas sem buscar analisar suas especificidades. A constituição histórica das Canárias aparece a reboque dos navios que faziam o comércio colonial, como se essa fosse a dimensão única à qual a existência dessas ilhas e de seus habitantes estivesse reduzida. Trata-se, portanto, de um caso em que as características históricas próprias do arquipélago são pouco consideradas diante do conjunto de relações políticas e econômicas verificadas para a macrorrealidade. A limitação para a compreensão do local se revela, assim, pelo predomínio do interesse pelo global.

Foi justamente em oposição a esse modelo macroanalítico que surgiram as propostas que orientaram a micro-história. De acordo com Jacques Revel (1998), essa vertente historiográfica nasceu das experiências de investigação de um pequeno grupo de historiadores italianos que, reagindo às posições da história social – vertente que sofreu subsequentes críticas a partir da década de 1970 –, passaram a propor vieses interpretativos que questionaram as compreensões macrossociais em prol de perspectivas mais circunscritas e que partissem das especificidades dos indivíduos e de suas relações. Para tanto, a micro-história recorreu ao conceito de **escala** para a observação dos objetos.

Em seu esforço de examinar os fenômenos a partir de olhares múltiplos, a micro-história recorreu ao jogo de escalas como um conceito central, a fim de empreender uma abordagem "microscópica", como afirma Paul-André Rosental (1998), o que implica dizer que o micro-historiador busca observar a realidade social a partir de uma "lente de aumento", aproximando-se de seu objeto em sua dimensão mais fina e distanciando-se das perspectivas mais panorâmicas, próprias dos olhares macroscópicos. A constatação dessas duas instâncias de escala não nos permite, contudo, hierarquizá-las; não se trata de admitir que uma é válida e outra não, mas de reconhecer que os fenômenos históricos se apresentam ao pesquisador de diferentes formas de acordo com a perspectiva adotada (Rosental, 1998).

Considerando essas propostas, podemos identificar que o esforço da contextualização proposto pela micro-história parte da premissa de que *cada ator histórico participa, de maneira próxima ou distante, de processos – e portanto se inscreve em contextos – de dimensões e de níveis variáveis, do mais local ao mais global. Não existe portanto um hiato, menos ainda oposição, entre história local e história global. O que a experiência de um indivíduo, de um grupo, de um espaço permite perceber é uma modulação particular do global.* (Revel, 1998, p. 28)

Entendemos, assim, que a micro-história tem o potencial de compreender o local a partir daquilo que este demonstra em sua condição específica – cuidado com o qual se busca evitar os perigos das determinações macroanalíticas. Sem desatentar das relações entre as micro e as macrorrealidades, essa vertente historiográfica procura relacionar contextos distintos a fim de apresentar interpretações plurais para o entendimento da realidade histórica observada.

Antes de prosseguirmos, é importante acrescentarmos uma ressalva: como apontado por José D'Assunção Barros (2017), a história regional e a história local não devem ser tratadas como sinônimos de micro-história. Enquanto as duas primeiras nasceram da proposta de construir interpretações a partir de um recorte espacial, a última não se relaciona obrigatoriamente a um território físico, embora possa considerá-lo como elemento de análise. Para exemplificarmos essas diferenças e procedimentos da microanálise, podemos recorrer à obra *Herança imaterial: trajetória de um exorcista no Piemonte do século XVII*, escrita por Giovanni Levi (2000).

Conforme apresentado pelo micro-historiador italiano em seu trabalho, sua intenção foi estudar a aldeia de Santena, um pequeno vilarejo do século XVII situado na região do Piemonte, localizada no norte da Itália. Para isso, Giovanni Levi recorreu às fontes paroquiais e político-administrativas para reconstruir o contexto histórico e o ambiente sociocultural da cidade por meio da trajetória de

Giovan Battista Chiesa, um padre exorcista que exerceu poder sobre aquela localidade. Ao longo da obra, é possível compreender o cotidiano do povoado e a vida dos camponeses em sua dinâmica social, suas articulações políticas, suas relações econômicas e sua formação cultural, entrelaçadas pelo convívio da população da região e pelos vários interesses em jogo (Levi, 2000).

Ao longo do livro, inicialmente somos inseridos na realidade local de Santena pelas atividades de exorcismo e cura de Giovan Battista Chiesa na região mais ampla onde a aldeia estava localizada, experiência usada por Giovanni Levi para demonstrar o vínculo do padre com os camponeses. Essa vinculação garantiu a esse personagem o poder de aglutinador e defensor dos interesses de uma parcela dos habitantes da aldeia ante os interesses socioeconômicos e as articulações políticas, voláteis e rapidamente alteradas ao sabor do contexto e da modificação dos interesses das grandes famílias e do poder do Estado, que buscava assentar sua autoridade sobre a localidade (Levi, 2000).

Tomando a realidade de Santena, podemos nos perguntar: O que ela nos revela sobre o amplo contexto do século XVII? Com base na análise proposta por Jacques Revel (1998), o estudo do Estado ocupou o interesse de historiadores que, desde o século XIX, buscaram elucidar o processo de afirmação estatal em sua dimensão macro, dedicando farta atenção aos fenômenos de centralização do poder governativo, ao controle da aplicação da violência, à construção do aparato administrativo e fiscal, bem como à laicização e formação da impessoalidade exigida pelos representantes da autoridade, entre outros fatores. Entretanto, essa abordagem acabou encobrindo as ações individuais e locais em prol do entendimento da formação de uma realidade complexa, como não poderia deixar de ser a construção do Estado.

Nesse sentido, o estudo de Giovanni Levi vai de encontro à proposta macroanalítica da estruturação do Estado, colocando em evidência as linhas de resistência sustentadas por iniciativas locais e demonstrando que o projeto político estatal não se efetivou de cima para baixo de maneira simples. Ora, houve estratégias de resistência que partiam das pequenas localidades e de suas forças políticas próprias, como no caso de Santena e da atuação de sua população no século XVII (Revel, 1998).

Por esse estudo em escala micro e suas relações com a macrorrealidade, você pode notar como existe uma rica relação de compreensão no diálogo entre o local e global, quando esses dois contextos são percebidos pelo historiador de modo imbricado e complementar. Desse modo, a localidade acaba por ser revelada naquilo que lhe é específico, respeitando-se seu tempo histórico e suas configurações sociopolíticas, econômicas e culturais. Da mesma forma, a globalidade é apreendida em suas nuances, indicando-se os ritmos distintos inerentes aos amplos fenômenos históricos.

Continuando nossas reflexões sobre os diálogos entre o local e o global, passemos às propostas interpretativas oferecidas pela história global. A esse respeito, é valido lembrar que, como defendido por Pamela Kyle Crossley (2015), as abordagens em nível global demandam o domínio de um conjunto de estudos que se debrucem sobre o pequeno espaço, cabendo ao historiador global manter-se atento a essa produção local para produzir interpretações mais abrangentes. Ainda sobre esse assunto, é interessante mencionar as palavras de Sanjay Subrahmanyam, que, aproximando-se de uma autorreflexão sobre sua experiência como historiador, declarou:

> *Como qualquer historiador, continuo atraído por lugares e espaços definidos, e meu conhecimento é o produto direto da formação em leitura de*

*obras, arquivos e imagens. No entanto, esses materiais não se limitam a um espaço nacional e sempre me pareceu artificial identificar-me simplesmente como um historiador da Índia, de Portugal ou dos Impérios Britânico ou Holandês, como já me senti obrigado a fazer. No mundo de hoje, há uma curiosidade e interesse crescente por esse tipo de história, apesar de eu estar totalmente convencido de que não é o seu destino substituir a história feita em escala regional, nacional ou continental, e sim completá-la.* (Subrahmanyam, 2017, p. 236-237)

Esse relato evidencia ainda mais as relações historiográficas possíveis de serem pensadas pela atenção aos fenômenos em suas dimensões mais localizadas ou globalizadas. Não se trata, como salvaguarda Sanjay Subrahmanyam (2017), de níveis que se suplantam, mas que se relacionam para construir uma realidade ampla e complexa com base no entendimento de seus múltiplos fragmentos.

A essa constatação podemos acrescentar as reflexões de Jacques Revel (2010). Na intenção de estabelecer um diálogo entre a micro-história e as análises em perspectiva macroespacial, o autor exalta a necessidade de pensar as mais variadas determinações que constituem as realidades sócio-históricas. Ainda que tais realidades se mostrem desordenadas e contraditórias, elas são, por isso mesmo, potencialmente promissoras para construir interpretações mais complexas, uma vez que propõem múltiplos entendimentos sobre um contexto histórico. Concluindo, o autor afirma:

*as formas mais interessantes, aos meus olhos, da nova "história global" são aquelas que, longe de partir da ideia de que os processos sociais maiores são naturalmente globais, procuram dar conta das circulações que tornaram possíveis a globalização, das conexões e das encruzilhadas, das formas de hibridação que estão na sua base e que são as únicas a torná-las compreensíveis.* (Revel, 2010, p. 443)

Considerando o exposto até este ponto, percebemos que os limites para o entendimento do local e do global dependem da forma como o historiador busca relacionar essas duas escalas espaciais e suas imbricações. Se a investigação adotar procedimentos pautados em imposições de um nível sobre o outro, acabará impedindo qualquer diálogo entre diferentes realidades que compõem a complexidade do contexto histórico em seus múltiplos tempos e espaços.

Diante disso, é importante que o historiador busque procedimentos teórico-metodológicos que considerem os diálogos entre os elementos históricos presentes nas realidades local e global. Tal opção lhe possibilita a ampliação do alcance e da profundidade das respostas oferecidas às problemáticas suscitadas pelo presente de um mundo em franco processo de globalização, com suas dinâmicas de interconexões e seus reordenamentos.

## Síntese

Ao longo das discussões desenvolvidas neste capítulo, você pôde notar como a história local esteve ligada à maneira como as pessoas se percebiam em seus espaços mais próximos, sentimento que experimentou alterações a partir do século XIX, mas principalmente do século XX, em decorrência das dinâmicas de um mundo em acelerada modificação. Essa pertença a uma aldeia ou pequena localidade não era, contudo, sentida por todos, e vários sujeitos se propuseram a pensar a história para além do local, buscando desde o universal até o global, como analisamos de acordo com as propostas da história global, que, inclusive, lançou novos olhares para a importância e a centralidade das regiões em contextos mundiais.

Assim, pensar a história local em diálogo com a global não perpassa o estabelecimento rígido das fronteiras entre uma e outra dimensão espacial. Dito de outra forma, impor limites entre o local e o global é um equívoco interpretativo, pois delimitar essas abrangências implica perder as relações complexas que caracterizam esses dois âmbitos, ao passo que o desafio que atualmente se revela ao historiador é o de compreender os alcances possibilitados pelos olhares cruzados entre os aspectos micro e macro.

## Atividades de autoavaliação

1. Partindo de seus conhecimentos sobre a história local, indique com V as assertivas verdadeiras e com F as falsas:
   ( ) Vivendo em um contexto de pouca mobilidade, até o século XIX os homens se sentiam pertencentes muito mais à aldeia ou à cidade do que ao Estado ou ao mundo.
   ( ) Em virtude do interesse pelo desconhecido, os homens do século XVIII não dedicaram atenção aos fatos do local que habitavam, buscando desenvolver histórias muito mais ligadas aos eventos ocorridos em lugares distantes.
   ( ) A história local não pode ser pensada sem a compreensão do conceito de lugar, pois somente assim o historiador pode entender as relações do homem com seus espaços de experiência.
   ( ) Por conta das nuances da língua portuguesa, a historiografia brasileira sugeriu diferenças entre a história local e a história regional; no entanto, essas duas vertentes partilham de metodologias semelhantes.
   ( ) Muito mais interessada nos fenômenos mundiais, a história global em nada depende da história local, pois o que ocorre no pequeno espaço pouco influencia ou ajuda a compreender as dinâmicas globais.

*Carlos Eduardo Zlatic*

A seguir, assinale a alternativa que apresenta a sequência correta:

a) F, V, F, F, V.
b) V, F, F, V, V.
c) V, F, V, V, F.
d) V, V, V, F, F.
e) F, F, V, F, F.

2. Considerando as propostas da história universal e da história total, assim como as críticas levantadas pela história global a esses dois modelos historiográficos, assinale a alternativa correta:

a) As histórias universais representaram um gênero de narrativa que tratou das origens dos homens desde a criação do Universo, sempre buscando compreender as culturas distintas, sem impor visões de um povo sobre outro.
b) Dando destaque à importância do pensamento de Fernand Braudel, o historiador indiano Sanjay Subrahmanyam reconheceu Braudel como o fundador das atuais propostas de história global.
c) A história total recebe essa denominação por seu esforço de abarcar todas as relações ocorridas no espaço global a partir de fontes bibliográficas e de perspectivas dos mais diversos locais do mundo.
d) História universal, história total e história global são parte dos esforços dos homens em entender a história para além da localidade, intenção que pouco experimentou mudanças metodológicas ao longo dos séculos.
e) Todas as alternativas anteriores estão incorretas.

3. Acerca dos debates desenvolvidos pela história global, assinale a alternativa **incorreta**:

a) As mudanças experimentadas pelo mundo a partir da segunda metade do século XX suscitaram novas abordagens e problemáticas no horizonte dos historiadores, favorecendo a emergência de um conjunto ainda novo de propostas que se articulam em torno do rótulo de *história global*.

b) Apesar de não contar com definições unânimes, os historiadores reconhecem que a história global se propõe a superar as visões nacionalistas e eurocêntricas, assim como construir uma interpretação historiográfica sem um centro.

c) Na qualidade de interpretação que abrange a história local e a história regional, a história global é mais complexa e ampla que os modelos historiográficos que se dedicam a entender o pequeno espaço.

d) Por representar um empreendimento intelectual em curso, a história global recorre a muitos caminhos para seu desenvolvimento, entre os quais estão aqueles oferecidos pela história comparada, pela história interconectada e pela história oceânica.

e) A história global se distingue da história total não apenas por seus métodos, mas também pela forma de abordar as distintas culturas e suas relações em contexto mundial.

4. Com base em seus conhecimentos sobre a história local, a micro-história e a história global, assinale a alternativa correta:
   a) A opção da história local por se afastar dos elementos globais para explicar os fenômenos locais mostra-se como um procedimento profícuo, já que garante maior atenção às especificidades do pequeno espaço.
   b) A história local e a micro-história podem ser entendidas como correlatas, já que ambas se dedicam a compreender os espaço das vilas e das pequenas cidades.
   c) Considerada praticamente como sinônimo de história global, a micro-história busca compreender as realidades em pequena escala, de modo a propor novas possibilidades de compreensão para as macrorrealidades.
   d) História local, micro-história e história global são caminhos historiográficos que, embora tenham suas particularidades, não se excluem completamente, podendo dialogar em prol de um entendimento mais complexo dos contextos históricos.
   e) A história global depende completamente dos historiadores locais, que atuam como auxiliares dos pensadores globais, sendo que aqueles devem voltar seus esforços para atender às demandas destes últimos.

5. Sobre as relações entre os âmbitos local e global, assinale a alternativa correta:
   a) A realidade histórica se mostra complexa em sua constituição temporal e espacial, vinculando os vários acontecimentos locais ao contexto global de maneira singular. Essa relação deve ser considerada em suas

especificidades, evitando-se, assim, anacronismos e determinismos.
b) A fim de compreenderem a realidade local, os historiadores precisam, antes, estudar o âmbito global, pois este determina aquele.
c) O local é o palco de todas as experiências humanas. Diante disso, o contexto global pode ser entendido como a simples soma dos acontecimentos de cada localidade.
d) Ainda que as experiências dos homens ocorram nos espaços que os cercam mais proximamente, o mundo globalizado os leva a criar aproximações muito maiores com localidades mais distantes.
e) Os fatos locais e globais podem se mostrar desordenados e confusos, exigindo que o historiador os separe de maneira clara e os aborde isoladamente, o que se revela como um procedimento essencial para delimitar o alcance de sua pesquisa.

## Atividades de aprendizagem

Questões para reflexão

1. Com base na observação da realidade que o cerca e daquilo que lhe chega a partir de outros locais, como por meio da televisão ou da internet, elabore uma lista das manifestações ou dos fenômenos que são próprios de sua cidade ou região e daqueles que se fazem presentes a partir de fora. Em seguida, busque relacioná-los em seus aspectos sociais, econômicos, políticos e culturais, de modo a construir uma visão mais complexa sobre a localidade em que você habita.

*Carlos Eduardo Zlatic*

2. Toda cidade vivencia eventos marcantes ao longo de sua história, entre os quais podem estar sua própria fundação, sua emancipação, a eleição do primeiro prefeito ou uma eleição disputada, a instalação de complexos industriais, a criação de um hospital, a chegada massiva de imigrantes, entre outros. Assim, escolha um acontecimento marcante da história de sua cidade e entreviste duas ou três pessoas, a fim de identificar e compreender as memórias individuais em torno da ocorrência escolhida para análise. Em seguida, elabore uma síntese das informações recolhidas e discuta-as com os demais colegas de sala.

## Atividade aplicada: prática

1. Leia o artigo de Jacques Revel intitulado "Micro-história, macro-história: o que as variações de escala ajudam a pensar em um mundo globalizado" e elabore um fichamento que considere as relações entre a história local, a micro-história e a história global.

   REVEL, J. Micro-história, macro-história: o que as variações de escala ajudam a pensar em um mundo globalizado. **Revista Brasileira de Educação**, Rio de Janeiro, v. 15, n. 45, p. 434-444, set./dez. 2010. Disponível em: <http://www.scielo.br/pdf/rbedu/v15n45/03.pdf>. Acesso em: 7 fev. 2020.

Capítulo 4
# Economia, sociedade e cultura regional

Ao longo deste capítulo, trataremos das distintas abordagens econômicas, sociais e culturais possíveis de serem adotadas para o estudo dos recortes regionais. Com essa intenção, vamos nos basear em pesquisas levadas a cabo por historiadores de diferentes matizes teóricas e suas análises sobre as regiões em questão, as quais serão consideradas tanto em suas especificidades quanto nas relações estabelecidas com âmbitos mais alargados, dos quais emanam poderes político-administrativos e econômicos. Dessa forma, pretendemos que você desenvolva as próprias reflexões a respeito da condição integrada e superposta que as regiões assumem em diferentes espaços e contextos históricos.

Para que você tenha uma perspectiva cronológica do assunto que compete a este capítulo, primeiramente abordaremos a questão da economia regional para, em seguida, discutirmos a sociedade e, por fim, a cultura em regiões distintas, pensadas a partir do território brasileiro entre os séculos XVI e XIX. Ao final do capítulo, portanto, você poderá lançar um olhar alargado e integrado sobre os temas desenvolvidos com base em leituras historiográficas pautadas nos conceitos de economia, sociedade e cultura.

## (4.1)
## Economia regional: a região e o mundo

Imagine-se entrando em um mercado. Agora, procure se lembrar de como é percorrer os corredores, escolhendo os produtos, colocando-os na cesta ou no carrinho, indo ao caixa, pagando a compra e saindo com as sacolas. Quantas vezes, ao longo dessa ação tão cotidiana, você se perguntou de onde vêm os produtos que você consome? Certamente, eles são produzidos em diversas regiões – a poucos quilômetros de sua casa ou a uma longa distância percorrida durante dias por navios, por exemplo.

*Carlos Eduardo Zlatic*

O trânsito de mercadorias, seu comércio e suas demandas de produção são aspectos centrais para pensarmos a relação entre a economia e as regiões ao redor do mundo. Longe de ser um fenômeno próprio do século XXI, o comércio a longa distância já era experimentado desde a Antiguidade. Contudo, vamos concentrar nosso debate no início do período moderno para examinarmos três instâncias econômicas: a economia-mundo, a região representada por Portugal e aquela que, mais tarde, viria a ser chamada de Brasil. Comecemos por esta última.

No dia 22 de abril de 1500, os portugueses colocaram os pés sobre as terras inicialmente batizadas como Monte Pascoal – pois essa data se inseria na semana da Páscoa – e depois chamadas de Terra de Vera Cruz. Os limites para a posse lusitana haviam sido estabelecidos antes, no ano de 1494, quando Portugal e Espanha assinaram o Tratado de Tordesilhas. Nada disso é novidade para você, afinal, essas informações são básicas sobre a história do Brasil, aprendidas desde o ensino médio. A questão está no nome: Brasil. No século XVI, não existia a ideia de um Brasil como Estado-nação ou país, nem por parte dos ameríndios, que viam as terras como seu espaço de vida, nem por parte dos colonizadores, que ocuparam a região como parte do Império Colonial Português.

Como explicam Lilia Schwarcz e Heloisa Starling (2015, p. 30), com a chegada ao Novo Mundo, os colonizadores se colocaram à frente da empresa exploradora como "donos e senhores dos destinos da nova terra, de seus limites e nomes". A esse entendimento podemos acrescentar que, segundo Warren Dean (1996), antes de iniciar a apropriação territorial de maneira efetiva, o rei de Portugal aplicou o conceito de propriedade da natureza às terras da colônia, atitude que fazia da Coroa

> *a possuidora legítima de tudo sobre o continente sul-americano a leste da linha de demarcação [...] a Coroa reconhecia a presença eventual de certas características acidentais dessa posse abstrata, porque reservava para si, além das árvores de pau-brasil, a propriedade das minas de metais e pedras preciosas, e submetia a julgamento especial pleitos privados quanto a cursos d'água e sítios ribeirinhos para a instalação de moinhos d'água, utilizados para moer a cana. Ignorava, contudo, os potenciais direitos prévios ou mesmo a presença de habitantes indígenas.* (Dean, 1996, p. 80)

Pau-brasil, cana-de-açúcar e índios escravizados. Esses foram os três principais elementos de exploração econômica nas primeiras décadas da colônia. Os metais e as pedras preciosas experimentariam seu apogeu nos séculos seguintes. Foi, portanto, sobretudo o interesse econômico que orientou os projetos da Coroa para a América, entendida como região que, assim como as possessões portuguesas na África e na Ásia, tinham o potencial de enriquecer a fazenda portuguesa.

Logo em 1501, foi embarcada a primeira carga dos tesouros florestais da América Portuguesa rumo a Portugal: era o pau-brasil, largamente encontrado na região litorânea da colônia. Chamada de *ibirapitanga* pelos tupis, era conhecida pelos europeus como *brecillis, brezil, brasil* – palavras derivadas do latim *brasilia*, que significa "cor de brasa" – e obtida das regiões asiáticas. Seu uso já era registrado na França em 1085, fato que comprova seu emprego para colorir o algodão usado na produção de tecidos (Dean, 1996; Schwarcz; Starling, 2015).

Apesar de seu valor menor do que o das especiarias obtidas por Portugal no Oriente, o pau-brasil passou a ser explorado de maneira crescente a partir de então na condição de monopólio régio, concedido à iniciativa particular de comerciantes, que deveriam enviar aos portos portugueses ao menos seis navios anuais carregados com a madeira. A fim de atender a essa demanda, os negociantes deixavam feitores na América Portuguesa, de modo a organizar a extração da madeira, feita à custa da mão de obra dos indígenas, que cortavam e carregavam o produto enviado à Europa. O produto se mostrou tão lucrativo que o Rei D. Manuel suspendeu o comércio do corante antes obtido na Ásia (Dean, 1996).

Mas não apenas de envios para Portugal era feita a exploração econômica da América Portuguesa. Como exposto por Warren Dean (1996, p. 73),

> *Uma vez que os colonos portugueses ansiavam por consumir alimentos familiares e não podiam esperar que os compatriotas em Portugal, pelo menos no curto prazo, desenvolvessem um apreço exagerado – e, portanto, pagassem somas exageradas – por produtos tropicais que os tupis poderiam cultivar, era necessário introduzir culturas do Velho Mundo já apreciadas em Portugal.*

Já tendo aclimatado algumas espécies do Velho Mundo ao clima de Portugal e recolhido gêneros tropicais da África e da Ásia, os portugueses enviaram à América Portuguesa muitos dos alimentos que ainda consumimos hoje e que, para nossa surpresa, não são típicos de nosso território: laranja, arroz, gergelim, limão, inhame, coco, gengibre, quiabo, banana e cana-de-açúcar (Dean, 1996).

No caso da cana-de-açúcar, os portugueses detinham longo contato com essa planta, usada para a extração da sacarose, o açúcar, altamente valorizado na Europa. Segundo Lilia Schwarcz e Heloisa Starling (2015), existem registros da cana datados de 8000 a.C., mas o produto adentrou o Ocidente Medieval por meio da ocupação árabe da Península Ibérica a partir de 711 d.C, quando já produziam o açúcar, cujo consumo aumentou de fato a partir dos séculos XII e

XIII, época em que as Cruzadas fizeram aumentar o comércio mediterrânico. Antes de chegar à América Portuguesa, porém, a cultura canavieira foi aplicada em algumas das ilhas atlânticas dominadas pelos portugueses, onde já usavam mão de obra escrava.

Em 1516, por iniciativa do Rei D. Manuel, buscou-se implantar o cultivo da cana e a produção de açúcar na América Portuguesa por meio do envio de homens que estivessem familizariados com tais práticas. Nesse sentido, destacam Lilia Schwarcz e Heloisa Starling (2015, p. 54): "Como se pode notar, a ideia era obter lucro com a terra nova, antes que ela se transformasse num problema. Era esse o 'sentido da colonização': povoar, mas sempre pensando no bem da metrópole". No entanto, a vontade do monarca foi cumprida apenas em 1532, quando Martim Afonso construiu o primeiro engenho de açúcar da colônia portuguesa no Novo Mundo. A produção e o envio do produto a Portugal prosperariam após o estabelecimento das capitanias hereditárias em 1534, mas apenas nas regiões que experimentaram uma convivência pacífica entre os colonizadores e os indígenas (Schwarcz; Starling, 2015).

A par do cultivo de cana e da produção de açúcar, cresceu o processo de escravização dos indígenas, vendidos pelos portugueses de um lugar a outro no espaço litorâneo conforme a demanda dos engenhos. Esse comércio das almas abasteceu os interesses também dos jesuítas, que, a partir do aldeamento e da catequização das populações autóctones, recorreram à mão de obra indígena, logrando colher lucros que enriqueceram a Ordem dos Jesuítas nos séculos seguintes (Dean, 1996; Schwarcz; Starling, 2015).

Se até este ponto dedicamos nossa atenção à atividade econômica colonizadora portuguesa, não devemos ignorar a existência da produção e do comércio entre os ameríndios antes da chegada dos portugueses. Estabelecidas ao longo do espaço hoje considerado território brasileiro, formações sociais indígenas ocuparam a região amazônica, o cerrado e o litoral. De acordo com as informações de Lilia Schwarcz e Heloisa Starling (2015), os povos Jê que habitavam o sertão apresentavam uma organização bem-estabelecida e eram detentores de uma economia pujante, com registros de horticultura e produção de cerâmica.

Portanto, considerando a região da América Portuguesa no início do período colonial, vemos que havia práticas de produção e troca entre os povos autóctones, as quais, pouco a pouco, por meio de processos de associação e violência, foram sendo substituídas por uma economia orientada pelos interesses do reino de Portugal, inserido na dinâmica própria do comércio do primeiro século da Idade Moderna e das trocas em longa distância que vinculavam as várias regiões do globo. Nesse sentido, a América Portuguesa era uma das regiões que integravam o Império Colonial Português, no centro do qual estava o próprio reino de Portugal, para onde afluía a riqueza.

Ao longo do século XV, as viagens marítimas portuguesas já experimentavam uma pujança que se consolidou ao longo dos anos daquela centúria e nas seguintes. Os portugueses cruzaram as águas dos oceanos Atlântico e Índico, estabelecendo-se nas Madeiras, na Costa da Mina, em Angola, em Moçambique, em Cochin, na China, no Japão, entre outras localidades de onde se obtinham panos, cobre, ouro, açúcar, trigo, pau-brasil, escravos, pimenta, canela, cravo e outras especiarias (Godinho, 1981).

Seguindo a leitura de Vitorino Magalhães Godinho (1981), com essa intensa movimentação ao redor do mundo, entre a compra e a venda de uma infinidade de produtos foi se aprofundando um novo pensamento econômico, orientado pelo cálculo do tempo das viagens e dos lucros que poderiam advir de seus investimentos. O tempo passou a ser medido economicamente, mentalidade dos comerciantes que, alinhados às relações de um nascente capitalismo, alteraram a própria forma de compreender o globo, conforme esclarece o historiador português:

> *Perspectiva à escala do globo, agora, a do mercador. Um veneziano do século XV pensa na situação dos mercados de Alexandria e Beirute, de Flandres e Londres; o genovês Malfante, embora consiga estancear no oásis saariano do Tuate, só vagas informações colhe sobre o Sudão do ouro. Mas em Quinhentos a Casa da Índia tem de atender à compra da seda e da porcelana chinesas em Malaca, depois na própria China, bem como à da pimenta em Samatra, à da prata no Japão, ao carregamento de paubrasil nos portos de Santa Cruz, aos metais que do México e Peru chegavam a Sevilha, à procura dos produtos orientais ou do açúcar insular e brasileiro nas escápulas de Antuérpia [...].* (Godinho, 1981, p. 22)

Essa intensa atividade com vários locais do globo, mas sempre em função dos interesses da metrópole, colocava Portugal como a região central do imenso Império Português, coração de uma economia-mundo e centro político-administrativo. Os números passaram a fazer parte do Estado, interessado no lucro do comércio e nos impostos recolhidos e depois investidos na mobilização militar e na construção de estruturas que fomentassem o sistema mercantilista.

No século XVI, o rei de Portugal já não era mais somente aquele que aplicava a justiça, mas também quem cuidava dos negócios e interesses comerciais do reino. Ele passou a ser um rei mercador, interessado diretamente no comércio e no acúmulo monetário da Coroa. Como analisado por Vitorino Magalhães Godinho (1981), as fontes imagéticas demonstram que a figura do rei de Portugal foi associada diretamente aos poderes relacionados à direção da vida econômica do reino, sem desatentar da agricultura, da caça, da pesca, da navegação e, principalmente, do comércio.

Nesse cenário, a economia impactava a sociedade e engendrava suas modificações. A nobreza cada vez menos tinha o preparo para ocupar as posições à frente dos grandes negócios comerciais do reino. O mercador passou a ser a figura da vez: ascendeu social e juridicamente por meio da cavalaria, possibilidade aberta também aos oficiais da Fazenda do reino (Godinho, 1981). Apesar de toda essa dinâmica social, Portugal não tomou fôlego na disputa pela dianteira dos lucros comerciais no século XVI.

Na visão de Vitorino Magalhães Godinho (1981, p. 63), "o erro decisivo do império português está em que o conquistador não soube passar a comerciante, não administrou como mercador; os portugueses prezavam mais as armas do que a mercancia". Os monarcas não lograram atender às demandas que sua autoridade requeria no âmbito comercial, permanecendo pouco atentos aos cálculos, às previsões e ao jogo dos câmbios.

Abaixo do rei, o cavaleiro se arruinou em cobiças e gastos demasiados; o mercador se viu atraído pelos lugares da velha estrutura social e buscou sempre se firmar como cavaleiro, buscando os privilégios da nobreza, o que resultou em um nascente Estado carente de forte burguesia mercantil e industrial. As poupanças, quando feitas, eram investidas em bens imobiliários, deixados como heranças aos herdeiros ou destinados à multiplicação das igrejas. O português carece de espírito comercial e de ímpeto, atributos presentes apenas em alguns senhores nobres que se lançaram aos negócios de mercar com o mundo (Godinho, 1981).

O vínculo entre as duas regiões que acabamos de examinar – a América Portuguesa e Portugal – insere-se no âmbito do sistema socioeconômico que caracterizou as relações entre a colônia e a metrópole no alvorecer do período moderno, profundamente marcado pelas trocas comerciais em crescente escala mundial. Se tomarmos apenas essas duas regiões, concluiremos que à periferia – composta pelas diversas regiões espalhadas na América Portuguesa, na África e na Ásia – cabia a função de abastecer o centro do poder, Lisboa, núcleo administrativo e econômico do Império Colonial Português. Contudo, ao contrário do lugar que detinha no interior de seu império, Portugal não ocupava posição central na economia-mundo do século XVI. O lucro do comércio colonial acabava se dissolvendo em uma série de outras transações, abastecendo o coração comercial da Europa: Antuérpia. Assim, nas palavras de Fernand Braudel (2009, p. 124): "Portugal terá sofrido, ao longo de todos os seus sucessos, o fato de não ser o centro de uma economia-mundo estabelecida a partir da Europa. Embora privilegiada em vários aspectos, a economia portuguesa deriva da periferia da economia-mundo". Como acrescenta o autor,

> *não é Lisboa, por mais importante que seja, que se coloca então no centro do mundo [...] Lisboa se mantém prisioneira de uma certa economia-mundo na qual está já inserida e que lhe determina um lugar: quando, além disso, observamos que o norte da Europa não deixou de desempenhar seu papel e que o continente tende a pender para seu pólo setentrional, não sem razões e desculpas; que, enfim, o grosso dos consumidores de pimenta e de especiarias se situa justamente no norte do continente, talvez na proporção de 9 para 10.* (Braudel, 2009, p. 126)

Ao longo do século XVI, mais precisamente entre 1500 e 1569, Antuérpia ocupou uma condição central na economia-mundo, congregando em torno de sua região um vasto conjunto de interesses comerciais que provocaram rápidas modificações em seu espaço. No tempo entre aquelas duas datas, a cidade dobrou em número populacional e habitacional, fenômeno acompanhado pela construção de novas praças e ruas; os canteiros de obras foram animados pelo luxo e pelo capital que a atividade comercial proporcionava (Braudel, 2009).

A localidade de Antuérpia não foi elevada a centro da economia-mundo por seus esforços. Pelo contrário, como afirma Fernand Braudel (2009), ela foi feita de fora; não era a cidade que tomava a Europa, mas os comerciantes europeus que a ocuparam. Ora, em Antuérpia sequer havia mercadores nacionais com negócios no globo, e eram os estrangeiros que comandavam a vida comercial da cidade: ingleses, franceses, alemães, portugueses, espanhóis, italianos. Nesse sentido, o espaço antuerpiense era procurado pela concentração de grandes e numerosas transações comerciais, oferecendo possibilidades de acordos prósperos. Portanto, o interesse por essa região do norte da Europa era, sobretudo, econômico.

Antes de 1500, os ingleses já haviam se instalado em Antuérpia, vendendo seus panos. Depois foram os alemães, comercializando vinho, cobre e prata. Entretanto, o grande salto comercial da cidade ocorreu quando, em 1501, um barco português carregado de especiarias do Oriente chegou a Antuérpia e, sete anos depois, o rei de Portugal fundou a Feitoria de Flandres, entreposto comercial vinculado à Casa da Índia de Lisboa e responsável pelo controle dos interesses comerciais portugueses. Com essa medida, o Rei D. Manuel buscou instalar seus comerciantes no centro da economia-mundo europeia, de onde poderia obter ouro e prata das minas alemãs e, assim, pagar pelas especiarias orientais que lhe proporcionariam mais rendas (Braudel, 2009).

Depois dos portugueses, foram os espanhóis que controlaram o comércio em Antuérpia a partir de 1535, favorecidos pelo afluxo de abundante riqueza extraída da América. Porém, essa prosperidade acabou em 1557, com a falência das finanças do Império Espanhol, imerso em conflitos militares, principalmente com a França. Exaurida em seu poder econômico e esvaziada da atividade comercial que havia lhe engrandecido, Antuérpia investiu seus capitais na nascente produção industrial das oficinas, enquanto a riqueza do comércio mundial afluía para outras cidades, transformadas uma após a outra em capitais da economia-mundo (Braudel, 2009).

Considerando as relações entre América Portuguesa, Portugal e Antuérpia, entendidas como três regiões investidas de posições e importância distintas no interior da economia-mundo do século XVI, notamos que a economia regional somente poderá ser entendida se estiver inserida na complexa teia de vínculos comerciais que conecta uma localidade às demais, tornando possível observar os fluxos mercantis em sua dimensão global.

Assim, é essencial levarmos em conta as palavras de Afonso de Alencastro Graça Filho (2009, p. 33), que, na intenção de propor um caminho para o entendimento da economia regional, afirma:

> *O espaço econômico pode variar no tempo e no espaço. Sua homogeneidade de características físicas será sempre muito relativa, dependendo fundamentalmente do conjunto de variáveis econômicas, sociais, demográficas e naturais, que englobam as rotas de comércio. Quanto menor for o número dessas variáveis, mais fácil se torna a delimitação espacial, porém, menos significante para a abordagem da realidade, pois se esvazia sua importância econômica.*

Portanto, para entender aquelas três regiões no contexto do início da Idade Moderna, é preciso observá-las de maneira relacionada, tendo em vista os interesses e as tensões do sistema econômico que se formava no século XVI. Essa atitude possibilita compreender as regiões econômicas a partir de suas especificidades, mas sem perder de vista que elas se inserem em circuitos mais amplos de trocas comerciais, influenciando-os e sendo impactadas por eles.

## (4.2)
## SOCIEDADE REGIONAL:
## AS RELAÇÕES SOCIAIS E O RECORTE ESPACIAL

Sabemos que fazemos parte da sociedade, que pode ser aquela estabelecida tanto no âmbito de uma cidade quanto no de uma região, de um Estado, de uma nação, de uma porção continental ou da totalidade global. Impreterivelmente, nossos laços de afeto ou de sangue, bem como nossos vínculos políticos ou de trabalho, nossas configurações culturais e tantos outros elementos, como estratificação econômico-social ou acesso à educação formal, constituem um formato social que nos envolve. Mas, afinal, o que é uma sociedade?

Buscando definições para o conceito de sociedade e as propostas oferecidas pela história social, Kalina Vanderlei Silva e Maciel Henrique Silva afirmam que a sociedade pode ser entendida com um conjunto de instituições inter-relacionadas que abarcam uma população independente, inserida em um território e com cultura própria. Ainda segundo os autores, a compreensão social deve considerar a existência da sociedade no decurso de um tempo – sempre mais longo do que a vida de uma pessoa –, além de seus mecanismos de reprodução e de perpetuação (Silva; Silva, 2009).

Sobre a perpetuação da sociedade ao longo do tempo, é importante notar que todo corpo social cria mecanismos de reprodução que almejam garantir a manutenção de uma existência futura, tais como: a reprodução biológica; a distinção dos papéis sociais; a definição das funções específicas de cada indivíduo; as concepções de mundo; as formas e normas de regulamentação da vida; e o controle dos comportamentos considerados desregrados (Silva; Silva, 2009).

Em razão do amplo número e da variedade de elementos que compõem a sociedade, seu estudo pelas ciências sociais ou pela história experimenta possibilidades distintas de abordagem, as quais podem tanto partir de concepções que coloquem a estrutura social e a relação indivíduo-sociedade como pressuposto orientador de sua análise quanto da consideração das relações e diferenciações do trabalho, entre outros critérios (Silva; Silva, 2009). A respeito desses procedimentos, vale recorrer a Kalina Vanderlei Silva e Maciel Henrique Silva, que, pensando a história social, registraram o seguinte entendimento:

> Para Hobsbawm, a História Social só tem sentido se pensada como História da sociedade. Ela não seria uma História especificamente econômica, política ou cultural, por exemplo. Ela deverá ser ampla o suficiente para pensar a sociedade em seu todo, o que inclui de modo necessário entender sua economia, política e cultura específicas. Pensar e fazer a História Social implica, assim, uma atitude interdisciplinar. (Silva; Silva, 2009, p. 384)

Partindo de tais propostas e entendimentos, examinaremos as sociedades constituídas em duas regiões brasileiras em períodos históricos distintos, mas temporalmente próximos. Seguindo um recorte cronológico, abordaremos as Minas no século XVIII pelo olhar da historiadora Laura de Mello e Souza (1986), autora da obra *Desclassificados do ouro: a pobreza mineira no século XVIII*, e, em seguida, a região do Vale do Paraíba nas primeiras décadas do século XIX, sob a perspectiva da socióloga Maria Sylvia de Carvalho Franco (1974), em seu estudo intitulado *Homens livres na ordem escravocrata*. Dessa forma, almejamos que você possa ter contato com duas áreas distintas no tempo e no espaço, mas que dialogam em alguns aspectos, assim como diferem em suas especificidades.

As duas autoras se aproximam em suas propostas de estudar a população marginalizada no Brasil, principalmente no que toca à condição dos homens livres em uma ordem social marcada pela dualidade entre escravos e senhores, permeada pelos poderes do

Estado. Maria Sylvia de Carvalho Franco foi pioneira nesse tema de pesquisas no Brasil, impulsionando o interesse de Laura de Mello e Souza, que, embora trate da temática, adota o conceito de **desclassificado social**, entendido pela autora como "um homem livre pobre – frequentemente miserável –, o que, numa sociedade escravista, não chega a apresentar grandes vantagens com relação ao escravo" (Souza, 1986, p. 14). Embora esse constitua tema de interesse tanto da historiadora como da socióloga, buscaremos desenvolver um panorama geral que apresente os diversos grupos sociais e a dinâmica da sociedade regional.

De acordo com Laura de Mello e Souza (1986), a cobiça pelo ouro marcou o contexto brasileiro do século XVII ao XIX. A partir desse recorte, a historiadora voltou seu interesse para o estudo da sociedade que se estruturou em torno da exploração de minérios em Minas, no século XVIII. Para que você possa se situar, é importante esclarecermos: naquele contexto, essa região mineira abarcava parte dos espaços que hoje integram os estados de Minas Gerais, Goiás e Mato Grosso.

Com a descoberta de ouro no Brasil, muitos interessados buscaram as terras da colônia confiando em uma possibilidade de enriquecimento, marcadamente os portugueses, que empregavam as riquezas obtidas no Império Colonial para a compra de bens, terras e a formação de morgados em Portugal. Essa corrida pela riqueza aurífera não passou despercebida do poder central, que se adiantou à urbanização de Minas e montou sua estrutura administrativa e fiscal na localidade. Contudo, essa presença do Estado deveria ser bem medida: não poderia ser frouxa a ponto de possibilitar as fraudes e as violências, mas tampouco poderia ser dura a ponto de inibir as iniciativas individuais (Souza, 1986). Nas palavras de Laura de Mello e Souza (1986, p. 97-98):

*Havia, pois, que fazer sentir a presença do Estado e, ao mesmo tempo, evitar que ela se tornasse importuna e odiosa, pois as distâncias e a morosidade do aparelho administrativo colocavam a Metrópole em situação delicada. Tudo deveria ser feito de modo a que o mando se revestisse de brandura, passando quase despercebido e, se possível, introjetando-se nas consciências a ponto de se tornar uma necessidade profunda.*

A presença do poder da corte, voltada para coibir os desvios do fisco, estruturou a sociedade de Minas em seus mais diversos âmbitos, desde a formatação dos grupos sociais até os costumes e o uso da violência, criando determinadas particularidades nessa região marcada pela exploração do ouro e do diamante.

Um aspecto interessante de se notar, como salienta Laura de Mello e Souza (1986), foi a tênue implantação de oligarcas em Minas, já que estes encontravam pouco espaço para seu poder diante da presença constante do Estado e de seu aparato administrativo, que suplantava as iniciativas dos latifundiários e empurra-os para um segundo plano. Essa constatação não implica dizer que eles não detinham poder. Dispunham de suas milícias, formadas pelos homens livres marginalizados, e exerciam justiça privada de forma violenta, o que interessava ao governo central por seu papel na perseguição de escravos fugitivos.

Foi, todavia, o próprio Estado quem mais recorreu aos homens livres marginalizados para estruturar a ocupação e a exploração de ouro e diamante. Os desclassificados eram demandados das mais diversas formas: entradas no sertão e ocupação de áreas ermas; composição de corpo de guarda, polícia privada ou como membros de milícias; defesa e manutenção dos presídios; construção de obras públicas; cultivo de lavoura e demais atividades essenciais à construção da viabilidade para a exploração da região, incluindo a ocupação de terras para a extração mineral (Souza, 1986).

Arriscando-se em busca de riquezas, e depois de achá-las, esses homens rapidamente se chocavam com a presença do Estado fiscalista. Tais conflitos tinham o potencial de crescer e transformar-se em revoltas abertas, sempre perigosas para os interesses da Coroa. Por conta desse cenário, dos governadores de Minas era exigido que ficassem constantemente

> *atentos ao perigo latente que a população de escravos, índios, forros e mestiços representava para a Coroa – situação característica de um contexto absolutista em que o Estado nada tem de representativo, descolando-se muitas vezes da maioria dos súditos para se investir em defensor dos interesses de uma camada restrita.* (Souza, 1986, p. 105)

Essa camada privilegiada que o Estado buscava proteger certamente não era formada pelos desclassificados sociais. Constantemente buscando evitar revoltas, os governadores da região voltavam seus esforços para controlar os escravos, ditos possuidores de margens de liberdade muito amplas se comparadas às das outras localidades da colônia, o que favorecia as fugas. Nesse contexto, quilombos eram alvos de ataque, e suas populações eram presas pelas forças coercitivas (Souza, 1986).

Profundamente fiscalistas, os representantes do poder central em Minas se empenhavam em cercar casas e senzalas, prendendo negros, forros e mestiços – estes caracterizados como insolentes, atitude que seria originada pela crença de que seu sangue branco lhes garantiria alguma condição distinta – sob a acusação de estarem praticando a exploração clandestina de minério, argumento que legitimava a apreensão de suas ferramentas. Sob a alegação de evitar a desordem, os marginalizados eram muitas vezes sentenciados a penas que iam desde o encarceramento em celas abarrotadas até uma possível pena de morte (Souza, 1986).

O controle sobre os desclassificados provinha também dos poderes religiosos. Conforme expõe Laura de Mello e Souza (1986), as características sociais da região de Minas eram distintas das da sociedade colonia – esta, nuclear e familiar; aquela, formada por homens solteiros. A metrópole, interessada em povoar a região, mas carente de população para tal empresa, não via com bons olhos esses solteiros que não criavam raízes nem deixavam filhos e passou a cobrar os laços matrimoniais e a coibir a formação de concubinatos, para o que os olhos vigilantes dos eclesiásticos e suas ações admoestadoras foram de grande importância.

Além das violências e dos controles da autoridade central, também o fisco acabava por recair pesadamente sobre a massa dos homens livres. Segundo Laura de Mello e Souza (1986), esse grupo social era taxado de acordo com os escravos que empregava na mineração. No entanto, as grandes autoridades eram isentas dessa cobrança *per capita*. Esse tipo de relação gerou embates constantes entre a população marginalizada e o poder central, fazendo surgir as fraudes, algumas delas protagonizadas pelos homes importantes – acobertados por seus iguais –, mas em grande medida pelos miseráveis, em busca de fugir das pressões do sistema.

Tal cenário de pressões, controles e violências sobre negros e marginalizados, assim como as isenções e os acobertamentos aos grandes homens representantes do poder central, ocupantes dos estratos sociais mais altos e detentores do controle sobre a máquina administrativa e do aparato judicial, revela a estratificação social que ordenava a região de Minas. Era a perpetuação desse ordenamento que os ocupantes do cume da sociedade procuravam garantir, a fim de manter suas posições tanto no Estado quanto sobre os escravos e desclassificados.

Toda essa dinâmica social, pautada entre o enfrentamento social e a forte presença de um Estado preocupado com o controle e a defesa do fisco, caracterizou a região de Minas de modo particular, como destaca Laura de Mello e Souza (1986, p. 139) ao afirmar:

> *Esta situação peculiar à zona mineira teve seus desdobramentos. Em primeiro lugar, uma dependência maior da população ante o Estado, pois não há poder que intermediasse essa relação. Além disso, a fragilidade dos laços paternalistas, que se fizeram fortes em outros pontos da colônia. Aqui, o Estado é o Pai-Patrão todo-poderoso, o defensor e algoz que dispõe livremente da sorte da arraia miúda.*

Essa mesma presença maciça do Estado não foi percebida na realidade de outras regiões brasileiras, seja no século XVIII, seja em outros períodos da história. Essa constatação nos leva a pensar nas relações entre os planos nacional e regional, que, ocorrendo de maneira distinta, acabam gerando configurações sociais específicas. A esse respeito, vejamos o que nos revela o estudo de Maria Sylvia de Carvalho Franco (1974).

Em sua obra *Homens livres na ordem escravocrata*, a socióloga Maria Sylvia de Carvalho Franco estudou a cidade de Guaratinguetá e a região do Vale do Paraíba, que abarcava partes dos estados de Rio de Janeiro e São Paulo, no final do século XIX. A autora justifica sua escolha da seguinte maneira:

> *A escolha de uma área mais pobre da região paulista para o estudo dos problemas de ordem local prende-se ao fato de que, nela, as transformações vindas com o café se fizeram sentir de maneira mais branda, conservando-se as características anteriores e, assim, ajudando a observação dos*

> *nexos de recorrência entre estabilidade e mudança social. Guaratinguetá aparece privilegiada por ser comarca e oferecer, por isso, talvez a única fonte para a reconstrução histórica das relações comunitárias: os processos-crimes.* (Franco, 1974, p. 17)

Nessas palavras encontramos os procedimentos que comentamos anteriormente, no segundo capítulo, acerca da delimitação de uma região, nesse caso, recortada por suas permanências no tempo e pela disponibilidade das fontes usadas: documentos oficiais sobre os crimes. Essa é a base sobre a qual Maria Sylvia de Carvalho Franco construiu sua investigação.

Após o rompimento dos laços com Portugal a partir de 1822, teve início o período imperial da história brasileira, marcado pelas regências e por uma série de revoltas em diversas regiões do Império. A independência foi acompanhada por uma crise das finanças, corroídas pelas exigências do processo de negociação não só para efetivar a separação com a antiga metrópole, mas também para atender às próprias demandas da nascente nação. É sobre esse pano de fundo que se desenrola o estudo de Maria Sylvia de Carvalho Franco.

O Vale do Paraíba era uma região que apresentava uma pobreza que ia se atenuando nas áreas regionais do Rio de Janeiro, onde se podia notar a diferença entre os ricos senhores. No geral, os hábitos de sua população pouco diferiam, a não ser pela postura opulenta dos grandes latifundiários que, ao saírem montados, vestiam-se de modo a se distinguirem dos demais. Esse cenário mudou com a chegada do café e seu estabelecimento na década de 1830, quando a riqueza abundou na região, mas não alterou o modo de se vestir e de se portar daqueles homens, assim como a manutenção de uma paisagem composta por casas simples e malcuidadas, cenário que divergia do que se imaginava da sociedade cafeeira, rica e suntuosa (Franco, 1974).

Com o avanço da economia cafeeira, a administração imperial sentiu a necessidade de se fazer mais presente, a fim de organizar a região e recolher as taxas devidas à autoridade central, caminho possível para tentar equilibrar as contas públicas do Estado brasileiro. Em Guaratinguetá, os poderes locais buscaram fazer incidir novos impostos sobre a ampla população por meio de ações burocráticas, mas a política financeira do Império os impediu:

> na urgência de fornecer meios para o governo central, a forte concentração das rendas públicas que realizou tornou ainda mais desprovidos os já parcos cofres municipais. E assim, obstruídas as vias próprias ao modelo de administração vigente no período imperial, os pobres locais ficaram, de modo irremediável, trancados em uma pobreza inerte. (Franco, 1974, p. 118-119)

Essa pobreza impossibilitou as iniciativas da prefeitura de Guaratinguetá e gerou um vácuo de poder administrativo diante das mais diversas demandas locais. Esse espaço não preenchido passou a ser ocupado pelas ações individuais: os cidadãos comuns e os funcionários públicos utilizavam seus recursos para obras básicas, como ruas e calçamentos. Na falta de prédios públicos, usavam as próprias residências como locais de trabalho. Por meio dessas práticas cotidianas e costumeiras, assinala Maria Sylvia de Carvalho Franco (1974), as regras do direito, as quais buscavam reger o bem público, viam-se constantemente desrespeitadas e deslegitimadas por um comportamento que não encontrava limites entre o público e o privado. Assim, mesmo que admoestadas pelos procuradores públicos, as autoridades locais não viam contradição em sua forma de gerir a cidade e

> o resultado disto foi que, em lugar do funcionário público tornar-se cada vez mais um executivo que apenas gere os meios da administração,

> *manteve-se preservada a situação em que ele detinha sua propriedade. Isto significa, evidentemente, que ele os podia controlar autonomamente, **pois se ele os possuía**. Seu, era o dinheiro com que pagava as obras; seu, o escravo cujos serviços cedia; sua, a casa onde exercia funções públicas.*
> (Franco, 1974, p. 121, grifo do original)

Dessa forma, os ricos senhores instalados na região foram aparelhando a autoridade pública em prol de seus interesses, de modo que os poderes governamentais passaram à condição de ferramentas usadas em causas próprias, fosse para impor punições judiciais aos grupos detentores de interesses contrários aos seus, fosse para ocupar as terras devolutas. Transformados no próprio Estado, os ocupantes do topo da sociedade estruturavam toda a sociedade ao seu redor. Eram seus escravos que atuavam como mão de obra nos serviços públicos, ao passo que sua influência tocava os demais funcionários, carentes de qualquer treinamento prévio para trabalhos que exigiam técnicas e procedimentos específicos (Franco, 1974).

Para elucidarmos essa situação, podemos recorrer ao exemplo mencionado por Maria Sylvia de Carvalho Franco (1974) a respeito dos delegados. Ocupando também outras atividades, como lavradores ou comerciantes, eles não tinham qualquer formação para ocupar o cargo, e seu trabalho era desenvolvido de acordo com a experiência adquirida na prática das demandas cotidianas, mas que encontrava seu limite nos costumes dos laços pessoais, os quais inibiam o cumprimento das demandas burocráticas em seus aspectos técnicos. Por essa ausência de capacitação quanto aos procedimentos legais, os procedimentos jurídicos eram largamente ignorados, o que resultava, entre outras irregularidades, no não envio de convocação judicial, substituída por um aviso por particulares.

Considerando as constituições históricas das regiões de Minas e de Guaratinguetá, podemos notar especificidades na configuração social dessas duas localidades de acordo com as relações estabelecidas entre seus indivíduos, assim como entre eles e os poderes externos. Se, em um caso, o Estado se fazia fortemente presente a fim de evitar as fraudes ao fisco, no outro, sequer havia um limite claro entre o público e o privado, característica que afastava as possibilidades de o Estado atuar sobre a região do Vale do Paraíba e sua população.

Há, contudo, aproximações. Inseridas no cenário brasileiro, marcado por uma sociedade escravocrata, tanto a sociedade de Minas quanto a de Guaratinguetá e sua região apresentavam uma configuração social marcada pela presença do negro e dos homens livres, marginalizados e desclassificados, em posição subalterna, sob o jugo daqueles que ocupavam os postos de maior poder. Sob essa perspectiva, reforçamos novamente a importância de compreendermos a região a partir de sua formação própria, sempre considerando as relações estabelecidas entre seus elementos internos e externos.

## (4.3)
## Cultura regional:
## comportamentos e imagens de si

Quando usamos a palavra *cultura* em uma conversa qualquer, podemos empregá-la de diferentes formas. Se, porventura, você estiver conversando com um agricultor e lhe perguntar qual é a cultura da região onde ele trabalha, é possível que ele entenda sua pergunta como relacionada ao produto plantado na região. No entanto, o mais usual é o emprego de tal vocábulo para designar uma qualidade. Caso falemos que determinada pessoa tem cultura, poderemos estar nos referindo ao fato de que ela tem alto nível de instrução formal, que conhece vários assuntos ou que já viajou para diferentes lugares do mundo. A ausência desse atributo é entendida como depreciativa, caso em que, por exemplo, diz-se que uma música "não tem cultura", expressão corriqueiramente usada para fazer referência a um gosto musical que desagrada a quem omite essa opinião.

Para os propósitos historiográficos de nosso tema, precisamos aprofundar essas noções de cultura e buscar um entendimento que se alinhe ao seu emprego como conceito operacional. Segundo Jörn Rüsen (2014), a noção de cultura se contrapõe à de natureza, sendo constituída, portanto, por todos os elementos não naturais ao mundo humano. Desse modo, ela se refere às atividades que atribuem significado à vida dos homens, desde a dimensão subjetiva que dá sentido aos acontecimentos do mundo até o ato de agir, a práxis. Dito de outra forma, nas palavras de Kalina Vanderlei Silva e Maciel Henrique Silva (2009, p. 85):

> *O significado mais simples desse termo afirma que cultura abrange todas as realizações materiais e os aspectos espirituais de um povo. Ou seja, em outras palavras, cultura é tudo aquilo produzido pela humanidade, seja no plano concreto ou no plano imaterial, desde artefatos e objetos até ideias e crenças. Cultura é todo complexo de conhecimentos e toda habilidade humana empregada socialmente. Além disso, é também todo comportamento aprendido, de modo independente da questão biológica.*

Recorrendo a um debate teórico, esses dois autores acrescentam que a cultura diz respeito a um conjunto de costumes, práticas e técnicas, valores e compreensões de mundo que são transmitidos pela sociedade aos indivíduos, uma espécie de código de conduta social validado pela consciência do grupo e que busca garantir a sobrevivência e a perpetuação da comunidade. Assim, a cultura permeia todos os nossos atos e pensamentos cotidianos, pois constitui nossa forma de relação com o grupo social que nos envolve, do qual recebemos elementos que moldam nossa linguagem e nosso comportamento (Silva; Silva, 2009).

Ainda segundo Kalina Vanderlei Silva e Maciel Henrique Silva (2009, p. 88), a palavra *cultura* é empregada para designar as diferentes formas de produção artística e intelectual. "Assim, podemos falar de cultura erudita, cultura popular, cultura de massa etc., todas expressões que designam conceitos específicos para a produção intelectual de determinados grupos sociais".

Para concluirmos as discussões em torno desse tema, é válido salientarmos que cada cultura apresenta estruturas e formações próprias, não cabendo ao historiador medi-las ou hierarquizá-las, como se fosse detentor de uma régua para medir uma imaginada evolução cultural. Existem trocas entre os grupos sociais, engendrando reflexões e modificações que perpassam sua forma de pensar e agir no presente, mas que devem ser vistas como um processo das realizações humanas de um grupo social ao longo do tempo (Silva; Silva, 2009). Portanto, se a cultura diz respeito ao homem, ao tempo e ao espaço, pode ser abordada pela história.

Compreender a cultura de um povo é um dos objetivos propostos por Joseph Love (1982) em seu estudo sobre o Estado de São Paulo, desenvolvido na obra *A locomotiva: São Paulo na federação brasileira – 1889-1937*. Para entender as raízes da forma de pensar e de se posicionar socialmenteinerente aos paulistas, o historiador retomou a identidade construída em torno da figura do bandeirante, afirmando que

> *poucos paulistas educados tinham qualquer dúvida de que sua psicologia coletiva fora herdada dos bandeirantes, mas a maioria dos autores e apologistas enfatizavam os aspectos positivos: o bandeirante havia expandido a fronteira; havia posto sua energia a serviço de fins produtivos;*

*havia recebido oportunidades e tirado bom proveito delas; havia apontado o caminho do futuro à nação brasileira. Cabia a seus descendentes modernos aceitar o destino de liderarem o país.* (Love, 1982, p. 107)

Dessa forma, a construção memorialística de uma herança bandeirante se transformou em orgulho regional, orientando a cultura e a identidade paulistas no sentido de uma compreensão de si como um povo responsável pela riqueza e grandeza de São Paulo, condição alcançada graças ao seu esforço e trabalho duro. Não menos relevantes são os argumentos que procuram embasar essa pretensa superioridade cultural e econômica sob o argumento étnico, devido à presença de imigrantes europeus. Ainda conforme o autor, essa imagem própria criada pelos paulistas em torno de si se cristalizou ao longo da segunda metade do século XIX, com a expansão da fronteira do café rumo ao oeste do Estado de São Paulo, em um processo que envolveu a conquista de terras e sua transformação em propriedade privada, reforçando a ideia da superioridade da região diante do Brasil (Love, 1982).

Essas crenças formaram a cultura paulista e, por consequência, a maneira como os paulistanos se entendiam no mundo e no cenário nacional, ideário que encontrou sua expressão nos símbolos de algumas instituições do Estado de São Paulo. Assim, a bandeira da cidade de São Paulo traz o lema *"Non dvcor dvco"*, isto é, "Não sou conduzido, conduzo", enquanto o brasão da Polícia Militar do Estado de São Paulo carrega a figura de um bandeirante.

Para melhor compreendermos os elementos que constituíram a cultura paulista entre o final do século XIX e o início do século XX, recorte proposto por Joseph Love, é necessário olharmos para um cenário mais amplo. Naquele contexto, o mundo experimentava as transformações da economia capitalista e de sua ampliação global, puxada pela revolução científica e pelos avanços tecnológicos que possibilitaram o desenvolvimento de novas fontes de energia – como a eletricidade e os derivados do petróleo –, impulsionando a indústria no sentido de criar inovações: carros, aviões, telégrafos, cinema, rádio, eletrodomésticos, medicamentos, anestesias, vasos sanitários, papel higiênico, comidas e bebidas enlatadas e tantos outros produtos que encaramos de forma naturalizada nos dias atuais.

Tais inovações ocorreram nos países mais desenvolvidos da Europa e nos Estados Unidos entre as últimas décadas do século XIX e as primeiras do século XX, alterando hábitos e costumes, desde os transportes até a forma de lavar as roupas. Contudo, abrangendo um contexto de relações globais, o desenvolvimento de novas tecnologias foi acompanhado pela expansão das indústrias e das cidades sobre as sociedades tradicionais, ainda arraigadas na agricultura. Graças a esse fenômeno, os países tidos como atrasados ou pouco desenvolvidos se abriram para as novas práticas de produção e de consumo das nações desenvolvidas, com o intuito de desenvolver meios para modernizar sua economia e seus costumes (Sevcenko, 1998).

Esse contexto foi caracterizado pelo equilíbrio entre produção e consumo, proporcionando a expansão dos negócios da Europa e dos Estados Unidos, o que gerou um enriquecimento que fez com que esse período ficasse conhecido como *Belle Époque* (Bela Época). No Brasil, esses tempos foram marcados pelo advento da República, proclamada em 1889 e impulsionada pela associação dos interesses de setores das forças militares, de cafeicultores de São Paulo e de políticos republicanos. A elite política e econômica que ascendeu ao poder colocou em curso um projeto modernizador e, buscando superar as mazelas do período colonial e do regime escravocrata, adotou os projetos modernizadores como um caminho para efetivar a civilização e o progresso da nação que, acreditava-se, tinha um próspero futuro pela frente (Sevcenko, 1998).

No Estado de São Paulo, a modernização foi marcada por um processo de expansão da fronteira agrícola rumo ao interior das terras paulistas, impulsionada pelo plantio de café, por meio do qual os imigrantes europeus – principalmente italianos – encontravam oportunidades de trabalho. Todavia, gozando de condições de trabalho indignas no campo, o estado experimentou o êxodo rural, provocado por uma rápida urbanização e industrialização. Nesse processo, São Paulo despontava como capital civilizada: a área urbana dobrou entre os anos de 1899 e 1909, e houve a canalização de rios e o início das obras de saneamento e iluminação elétrica (Love, 1982).

Na cidade de São Paulo, a classe alta – influenciada pelas ideias que relacionavam a altitude à salubridade – instalou-se nas colinas orientais da cidade, fazendo surgir bairros aristocratizados, tais como Campos Elíseos – com clara referência a Paris e sua *Champs Elysées* – e Higienópolis, além da Avenida Paulista. Nesses locais se concentravam os barões do café e a elite industrial de origem europeia, público que frequentava as apresentações de teatro e de música provenientes do estrangeiro ou que podia encontrar outros indivíduos de mesma origem nas livrarias-cafés influenciadas pelo modelo europeu. Esse cenário cultural fortemente alinhado aos padrões da Europa pode ser mais bem compreendido se levarmos em conta que os imigrantes mantinham um apreço por sua cultura de origem, nutrindo os costumes que os vinculavam às suas raízes culturais e, com efeito, marcando a sociedade paulistana (Love, 1982).

É interessante notar que, como apontado por Joseph Love (1982), essa imagem que os paulistas tinham de si como herdeiros da força dos bandeirantes e vanguardistas da modernização atuava como elemento de oposição à cidade do Rio de Janeiro, demonstrando o orgulho cívico local contra a capital do país. Argumentando que o futuro do país estava em São Paulo e não no Rio – a capital federal –, o paulista valorizava sua imagem de sobriedade, imputando um desprezo aos comportamentos "frouxos" dos cariocas.

Enquanto a cidade do Rio de Janeiro se modernizava, abrindo avenidas, derrubando os cortiços e saneando a cidade, São Paulo seguia seu ritmo urbano e industrial, construindo sua condição hegemônica sobre uma ampla região. De acordo com as informações de Joseph Love (1982), a capital paulista estava ligada ao interior por uma boa rede de telégrafos, recurso que foi ampliado com a chegada dos telefones em 1884, quando havia um total de 680 aparelhos instalados na cidade. Em 1937, esse número saltou para 45.000, o maior entre todas as capitais estaduais, mas apenas a metade da capital federal.

A cultura modernizadora se fazia forte em São Paulo também em outros setores. Em 1937, o estado contava com mais de 25% dos 887 cinemas existentes no país, número que o colocava à frente do segundo e terceiro colocados – respectivamente, Minas e Distrito Federal. As exibições de filmes contavam com grande público e, constituindo-se como atrações populares, mesmo os bairros operários tinham seus cinemas. O rádio também era um segmento forte da cultura paulistana, que concentrava 28 das 63 estações presentes no Brasil, mantendo uma rede que, ao menos na capital, era composta por uma programação que reproduzia canções brasileiras, italianas, portuguesas, argentinas e americanas, atendendo a um público formado por imigrantes (Love, 1982).

A partir de 1890, a imprensa paulista cresceu consideravelmente, sendo que cerca de 500 jornais e revistas nasceram entre 1920 e 1929, o que garantia a São Paulo a posição de primeiro lugar nacional no número de periódicos. Tais publicações tinham a vantagem de percorrer longas distâncias e alcançar rapidamente o interior do estado, graças às linhas de ferro e aos trens que cruzavam o território da região (Love, 1982). Quanto a isso, cabe observar:

> *A partir dos meados da Primeira República, os jornais da capital passaram a ter seções especializadas nas comunidades do interior do estado. Desse modo, os jornais locais, ao contrário do que sucedia em Minas, não tinham em São Paulo a mesma influência sobre a cultura regional. Além do mais, a capital dominava muito mais a cultura geral do estado do que jamais ocorreu com Belo Horizonte em relação a Minas. De fato, a maioria dos mineiros do Sul do estado e no Triângulo recebia jornais de São Paulo e não de Belo Horizonte.* (Love, 1982, p. 130-131)

Diante disso, podemos admitir que a cultura paulistana, alinhada às ideias urbanas e industrializadas, impulsionou um esforço no sentido de situar o Estado de São Paulo e sua capital como centros econômicos e culturais do país, rivalizando com o Rio de Janeiro, a capital federal. Esse empenho se refletia na forma de agir do paulistano, que se entendia a partir da imagem retilínea e dedicada ao trabalho de abertura de novas fronteiras – herança da tradição bandeirante –, fazendo com que seus negócios e suas ideias mantivessem uma hegemonia sobre a forma de pensar dos habitantes do estado a partir das produções culturais da capital estadual em suas várias manifestações – jornais, revistas e rádio –, presença que se fazia sentir mesmo em regiões de outros estados, como era o caso de Minas.

Essa cultura paulista não poderia ser compreendida da forma como acabamos de descrever se ignorássemos a construção de uma identidade paulista a partir do passado bandeirante, próprio da memória criada por aqueles que viviam na região. Contudo, pensar apenas o regional não basta, haja vista que, para entendermos essa cultura, foi necessário recorrermos às ideias que transpassavam outros espaços no contexto do final do século XIX e do início do século XX. Tal operação nos permitiu vislumbrar que os ares de inovação e modernização que sopravam da Europa e dos Estados Unidos não eram apenas muito bem aceitos, mas também imitados pelos paulistas. Os pressupostos que orientavam suas formas de pensar e agir – e, portanto, sua cultura – estavam pautados tanto nas imagens do passado quanto nas novas formas de agir suscitadas pelo presente daquelas pessoas.

## Síntese

Neste capítulo, você pôde ampliar seus saberes sobre as formas de constituição das regiões em seus aspectos econômicos, sociais e culturais. Assim, a chegada dos portugueses às terras que seriam integradas ao Império Colonial Português mudou o modo como a produção e o comércio eram praticados; antes voltadas para as necessidades próprias dos povos autóctones, as atividades passaram a ser orientadas para as demandas da economia-mundo.

No caso da sociedade de Minas e do Vale do Paraíba, essas duas regiões próximas no tempo e no espaço tiveram constituições distintas a partir das relações mantidas entre sua população e o poder central, interessado em implantar sua autoridade sobre a região, logrando sucesso em um caso e fracassando em outro. Quanto à cultura, vimos que a forma de pensar e agir do paulista foi formada não só pela construção da memória do passado, mas também pelas influências do presente, modernizadoras e transpassadas pela presença de imigrantes.

Tendo em vista os debates sobre esses variados assuntos em seu conjunto, constatamos que a compreensão da economia, da sociedade e da cultura regionais perpassa a reflexão acerca de diversos elementos, provenientes tanto do interior das regiões quanto de seu exterior, os quais convergem em uma relação que, ao se efetivar no recorte espacial, atribui determinada configuração à sociedade que o ocupa.

## Atividades de autoavaliação

1. Considerando o papel da América Portuguesa no Império Colonial Português, assinale a alternativa correta:
   a) Ao encontrarem um sistema de produção e comércio bem estabelecido pelos ameríndios, os portugueses não sentiram maiores necessidades além de aproveitar a própria organização indígena para firmar relações econômicas com eles.
   b) Os produtos inicialmente explorados pelos portugueses, o pau-brasil e o açúcar, eram enviados a Lisboa, cidade portuguesa que desempenhava função de centro da economia-mundo ao longo do século XVI.
   c) A chegada dos portugueses à América Portuguesa implicou diversos impactos e violências entre os europeus e os ameríndios, que tiveram suas relações de produção e troca alteradas pelo colonizador a fim de que a região se integrasse ao sistema colonial e favorecesse os negócios de Portugal na economia-mundo.
   d) O enriquecimento proporcionado pelas várias regiões que formavam o Império Colonial Português afluía para seu centro político-administrativo e financeiro, Portugal. Essa concentração de riqueza gerou oportunidades para uma rápida industrialização, processo encabeçado pela nobreza.
   e) No início da Idade Moderna, época dos grandes descobrimentos, o rei passou a designar funcionários bem treinados para a administração do comércio, abrindo mão dessa tarefa e dedicando-se integralmente à sua função de legislador.

2. Considerando os debates desenvolvidos neste capítulo acerca da região de Minas, de sua constituição e de suas relações sociais, assinale a alternativa correta:
   a) Instalados na região de Minas muito antes da descoberta do ouro, os oligarcas lograram manter-se no topo da escala social e fazer frente à autoridade central, criando diversos problemas para o fisco.
   b) Interessado em manter um estrito controle sobre o recolhimento das taxas que lhe eram devidas, o poder central de Portugal efetuou a montagem da estrutura administrativa e fiscal antes mesmo do processo de urbanização da região de Minas.
   c) Experimentando a condição de homens livres, os desclassificados recebiam essa designação por não estarem sujeitos às exigências feitas aos escravos e serem isentos do pagamento de taxas à autoridade central.
   d) Estruturada com base em ideais igualitários, a sociedade de Minas pouco experimentou conflitos sociais, condição pacífica que se deveu ao acesso de todos à riqueza gerada pelo ouro.
   e) A parca presença da autoridade central na região de Minas fez nascer uma sociedade desordenada, na qual imperava a exploração clandestina de minérios sem que houvesse nenhum tipo de punição.

3. Tendo em vista o que foi discutido a respeito da cultura paulista, assinale a alternativa **incorreta**:
   a) Refutando uma identidade vinculada à Europa, o Estado de São Paulo recorreu à imagem do bandeirante como forma de rememorar seu passado indígena.

b) Por ter sido a capital do país no início do século XX, a cidade (e o Estado de São Paulo) detinha uma ampla rede de comunicação vinculada a todo o território brasileiro.

c) Apesar de suas tentativas de modernização, São Paulo permaneceu como uma região atrasada, pouco urbana e marcada por uma cultura de características rurais.

d) A forte implantação da imprensa no Estado de São Paulo fez com que essa região tivesse o maior número de jornais entre todas as demais áreas do Brasil, trunfo que reforçava a ideia de hegemonia paulista diante da nação.

e) O gosto pelo teatro, reflexo da cultura europeia, era de tal maneira popularizado que mesmo a massa de trabalhadores paulistas tinha o hábito de frequentar as apresentações musicais e teatrais.

4. Partindo de seus conhecimentos sobre os conceitos de cultura e de sociedade e suas relações com a constituição regional, assinale a alternativa correta:

a) Cada região deve ser entendida em suas especificidades socioculturais a partir da constituição histórica de seus atributos internos e de seus contatos externos, não cabendo qualquer critério que hierarquize uma região em relação à outra.

b) O conceito de sociedade deve ser entendido como um conjunto suficientemente amplo que integre indivíduos e grupos sociais em um espaço territorialmente alargado, não devendo ser empregado, portanto, para designar as pessoas que vivem em uma região.

c) A cultura pode ser entendida pelo historiador como um indicativo do quão civilizados são os hábitos do povo que habita determinada área, podendo indicar os motivos da superioridade de algumas regiões sobre as outras.

d) O estudo da sociedade regional deve ser desenvolvido com base na observação dos indivíduos que ocupam o topo da escala social, pois são eles que determinam os vínculos sociais dos marginalizados.

e) Todas as alternativas anteriores estão incorretas.

5. Com base nas discussões desenvolvidas ao longo deste capítulo, assinale com V as afirmações verdadeiras e com F as falsas:

( ) Como demonstrado pelas relações comerciais entre a América Portuguesa, Portugal e a economia-mundo, os aspectos econômicos das regiões devem ser compreendidos sobretudo a partir de suas configurações internas.

( ) O estudo da cultura paulista demonstra a relevância de olhar para os aspectos do presente, ao buscar compreender os costumes regionais, sendo pouco relevantes as memórias e figuras do passado.

( ) A constituição social regional independe da força dos grupos locais, pouco poderosos diante das pressões do Estado, como demonstrado pelo estudo da região do Vale do Paraíba no século XIX.

( ) Economia, sociedade e cultura apresentam vinculações profundas, pois são forjadas ao longo da constituição histórica dos povos em sua ocupação territorial e na configuração das relações humanas.

( ) Diferente da sociedade e da economia, que engendram fenômenos históricos de maneira indissociada, a cultura é um elemento difícil de ser compreendido, pois é determinado apenas pela mentalidade, sobre a qual os dois aspectos mencionados – sociedade e economia – geram pouca influência.

A seguir, assinale a alternativa que apresenta a sequência correta:

a) V, F, F, V, F.
b) V, V, F, F, V.
c) F, F, V, V, V.
d) F, V, F, F, V.
e) F, F, F, V, F.

## Atividades de aprendizagem

Questões para reflexão

1. Organize-se em um grupo de estudo e reúna-se com seus colegas para buscar os dados do Índice de Desenvolvimento Humano (IDH) das cidades que integram a região em que vocês vivem. Estabeleça uma conexão entre tais dados e outras fontes de informação de jornais e órgãos oficiais.
Na sequência, elabore um relatório a respeito das características socioeconômicas regionais. Depois de realizada essa atividade, compare seus resultados e suas análises com o que foi desenvolvido pelos seus colegas de sala.

*Carlos Eduardo Zlatic*

2. Tomando como pressuposto as múltiplas manifestações culturais – festas folclóricas ou religiosas, festivais literários ou musicais, peças teatrais, circulação de opiniões distintas por meio de jornais, entre outras – observadas na localidade em que você vive, procure elaborar uma síntese escrita a respeito da cultura que caracteriza essa região.

## Atividade aplicada: prática

1. Até este ponto, exploramos os eixos econômicos, sociais e culturais de distintas formações históricas entre os séculos XVI e XIX. A fim de que você desenvolva um olhar transversal, escolha um destes três critérios – economia, sociedade ou cultura – e detecte sua presença nas distintas regiões abordas ao longo deste capítulo. Em seguida, elabore um fichamento com suas conclusões.

Capítulo 5
# Regionalismos, globalismos: relações entre regional e nacional

Neste último capítulo, trataremos dos processos de globalismo, nacionalismo e regionalismo que marcaram a história, destacadamente a partir do século XVIII, e de suas implicações para o atual processo de globalização, assim como a emergência e a afirmação do Estado-nação ao longo das últimas duas centúrias.

Os processos de globalismo, nacionalismo e regionalismo são marcados por diversas interações sociais, políticas, econômicas e culturais que, ao mesmo tempo que criam identidades, também as modificam, instituindo novas formas de organização entre os indivíduos e os grupos sociais que tensionam as relações entre os países em um plano externo e interno, bem como entre as distintas características regionais que constituem o Estado-nação. Nesse sentido, é importante que você atente aos elementos que integram os fenômenos históricos que marcaram o passado recente e que contribuem para o entendimento de nossa realidade contemporânea.

## (5.1)
## TERRITÓRIOS EM MODIFICAÇÃO: GLOBALIZAÇÃO E GLOBALISMO

Certamente você já teve algum contato com a palavra *globalização*, e não apenas pelo fato de já termos tocado nesse assunto nas páginas anteriores, mas principalmente pela condição de estarmos imersos em um mundo orientado por relações de dimensões globalizantes: a produção de bens de consumo em escala transnacional; as diversas produções culturais – filmes, músicas, artes visuais, livros, entre outros – que correm o mundo por meio dos dados móveis; as movimentações de pessoas em ondas de imigração etc. Esses são apenas alguns dos muitos acontecimentos, relativamente contemporâneos, que nos colocam em um contexto de contato e relações em nível mundial.

Essa realidade, relativamente recente, suscita comportamentos distintos dos vários atores sociais contemporâneos, assim como exige a atenção dos pesquisadores para compreender os novos fenômenos engendrados. Considerando essa demanda, vamos iniciar nossas reflexões com a busca de definições para o conceito de **globalização**.

Primeiramente, é necessário compreender que a globalização não teve início, como frisado por Lynn Hunt (2014), quando Cristóvão Colombo pisou na América, mas apenas quando os europeus passaram a demonstrar gosto e atenção voltados à exploração dos produtos próprios do continente americano ou cultivados nele, fazendo com que houvesse um interesse – embora não mútuo – entre essas duas partes. Contudo, como definição precisa do conceito, podemos falar em globalização principalmente a partir dos últimos trinta ou quarenta anos. Assim,

> *A globalização é principalmente um processo de integração global, definindo-se como a expansão, em escala internacional, da informação, das transações econômicas e de determinados valores políticos e morais. Em geral, valores do Ocidente. Herdeira do imperialismo financeiro dos séculos XIX e XX, a globalização ultrapassa as fases anteriores de internacionalização da economia para abranger praticamente todos os países do mundo. É uma nova fase do Capitalismo, surgida com o fim do bloco socialista e a queda do muro de Berlim em 1989; eventos que levaram à grande expansão de mercados, alcançando áreas antes vetadas ao Capitalismo.*
> (Silva; Silva, 2009, p. 169-170)

Considerando uma perspectiva de curto prazo, Lynn Hunt (2014) afirma que a globalização é a penetração das instituições financeiras em dimensão global, de modo a desenvolver rotas comerciais e circuitos de produção, iniciativa que fomenta a criação de unidades políticas mais amplas, como a União Europeia e outros blocos econômicos.

A criação dessas grandes unidades perpassa os aspectos sociais da globalização, marcadamente o aumento da migração entre países e entre as regiões de um mesmo Estado – usualmente do campo e de pequenas cidades para as megalópoles –, estimulando uma cultura mais ligada às grandes cidades e aos centros de produção econômica e cultural.

Nesse aspecto, *globalização cultural* (outra expressão muito usada pelos pesquisadores) diz respeito às formas globais de constituição de identidades ou hábitos cotidianos, como o consumo de produtos com apelo mundial – Coca-Cola, por exemplo –, bem como de práticas e atividades diversas, fomentadas pelas mensagens transmitidas por meio de filmes, animações, séries, jogos eletrônicos, entre outras.

Caracteriza-se como inerente a esse processo de mundialização das relações a globalização tecnológica, estimulada em grande medida pela criação de uma rede internacional de comunicação a partir dos satélites em órbita, essenciais para as mais diversas formas de serviços, desde os aplicativos de posição global (GPS) até a internet. Associados a esses progressos, os serviços de envio de mercadoria e as possibilidades de travessias por meio de aviões cada vez mais rápidos promovem uma vinculação dos espaços do mundo em tempo cada vez mais curto, gerando outro fator importante da globalização: a compressão do tempo-espaço (Hunt, 2014).

Tratando das modificações na percepção do tempo e do espaço, David Harvey (2012) apresenta alguns dados interessantes: de 1500 a 1840, a média de velocidade das carruagens e barcos a vela era de 16 km/h; entre 1850 e 1930, as locomotivas alcançavam 100 km/h; desde 1960, os jatos de passageiros já atingem de 800 a 1.100 km/h. Esses números revelam, segundo o autor, o fenômeno da compressão do tempo-espaço, impulsionando-nos a alterar a percepção sobre o mundo e suas distâncias, cada vez mais encolhidas (Harvey, 2012).

Harvey (2012) menciona a redução do tempo necessário para cruzar o espaço, como se os territórios parecessem encolher. Assim, as localidades estão de tal maneira próximas que o mundo deixa de ter a dimensão ampla, quase infinita e desconhecida – conforme a mentalidade dos séculos passados –, chegando mesmo a se apresentar como uma aldeia global.

Diretamente associado a um mundo que se relaciona em dimensões globais, o conceito de **globalismo** está vinculado de maneira específica, segundo o entendimento de Paul James (2006), a uma ideologia dominante baseada na ideia de diferentes formações históricas com extensão global; seria, portanto, um termo usado para designar práticas, processos e subjetividades em dimensão territorial generalizante, por meio de conexões que cruzam o espaço e vinculam o mundo.

Partilhando desse mesmo pressuposto, Octavio Ianni (2001) argumenta que a história dos povos experimentou variadas configurações sociais, como o feudalismo ou o escravismo antigo, sendo o globalismo mais uma dessas formas de organização histórico-social, que convive, contudo, com outras modalidades de vida e de trabalho, assim como com localismos, imperialismos, racismos ou fundamentalismos, fazendo emergir debates e conflitos entre identidades e diversidades, além de suas associações e integrações. Ainda segundo o autor,

> *O globalismo pode ser visto como uma configuração histórico-social no âmbito da qual se movem os indivíduos e as coletividades, ou as nações e as nacionalidades, compreendendo grupos sociais, classes sociais, povos, tribos, clãs e etnias, com as suas formas sociais de vida e trabalho, com as suas instituições, os seus padrões e os seus valores. Juntamente com as peculiaridades de cada coletividade, nação ou nacionalidade, com as suas tradições ou identidades, manifestam-se as configurações e*

*os movimentos do globalismo. São realidades sociais, econômicas, políticas e culturais que emergem e dinamizam-se com a globalização do mundo, ou a formação da sociedade global.* (Ianni, 2001, p. 183)

Em sua configuração do final do século XX e início do XXI, o globalismo está diretamente associado ao capitalismo, sendo o resultado dos mais variados processos sociopolíticos, econômicos e culturais usualmente designados pelo conceito de *globalização*. O globalismo seria, portanto, "um jogo complexo de forças atuando em diferentes níveis da realidade, em âmbito local, nacional, regional e mundial" (Ianni, 2001, p. 184).

Essa intensa modificação nos mais variados âmbitos políticos não ocorreu sem gerar significativos embates por parte dos grupos sociais que se viam ameaçados pelas alterações provocadas a partir das pressões globais. Assim foi em 1999, quando movimentos antiglobalização promoveram intensos protestos em Seattle, nos EUA, demonstrando a força de organizações de naturezas distintas – sindicatos, organizações não governamentais, grupos universitários e movimentos sociais – presentes no cenário político internacional desde 1980, de modo a congregar a emergência de forças que partiam de baixo e que sustentavam demandas próprias de diversas localidades (Bringel; Echart Muñoz, 2010).

Conforme a compreensão de Breno Bringel e Enara Echart Muñoz (2010), todas essas iniciativas sociais revelavam as potencialidades da formação de grupos que, embora locais, se organizavam globalmente a fim de apresentar suas demandas com o objetivo de superar as esferas de decisão dos Estados-nacionais. Nesse sentido, a intenção era frear um processo de globalização que, na visão dos que protestavam, levava a cabo um processo de avanço do neoliberalismo sobre o mundo. A partir da crítica a esse modelo econômico, tais iniciativas propunham uma maior participação cidadã na vida nacional, de modo a acabar com a marginalização social e a ampliação do fosso entre ricos e pobres, fomentada por organismos econômicos supranacionais, como o Fundo Monetário Internacional (FMI), a Organização Mundial do Comércio (OMC), a Cúpula do G-8, entre outros. Sem conseguir articular respostas convincentes, e tendo sua imagem marcada pelos protestos violentos, o movimento antiglobalização acabou saindo de cena, embora suas demandas ainda permaneçam em vigência nas manifestações de outros grupos sociais.

Apesar de o movimento antiglobalização se revelar pouco efetivo em seus objetivos, sua existência e suas ações indicam que, no final do século XX, o mundo experimentava modificações sociais, políticas, econômicas e culturais transnacionais, que podem ser denominadas de maneiras distintas – entre elas, *globalização* e *globalismo*. Os fenômenos designados por esses dois conceitos recobriam e alteravam as formas de nacionalismo e regionalismo e, com isso, as vinculações identitárias e as formas de sociabilidade entre os sujeitos que se viam pertencentes a esses espaços (Ianni, 2001).

Entretanto, Octavio Ianni (2001) alerta que é um equívoco reduzir o globalismo ao neoliberalismo, já que a globalização não é fomentada unicamente por essa ideologia econômica, mas por um leque amplo de ideias, muitas das quais são difusas. Diante disso, seria mais interessante ter a seguinte compreensão acerca do globalismo:

> *Trata-se de uma formação social global, desigual e problemática, mas global; uma configuração geistórica, social, econômica, política e cultural contraditória, ainda pouco conhecida em sua anatomia e em sua dinâmica. Está impregnada de tendências ideológicas, assim como de correntes de pensamento, simultaneamente à multiplicação de formações nacionais e dos regimes políticos, à pluralidade das culturas, religiões,*

*línguas, etnias ou raças. Compreende múltiplos e diversificados grupos sociais, classes sociais, movimentos sociais, partidos políticos e correntes de opinião pública.* (Ianni, 2001, p. 190)

Por ser um processo em desenvolvimento no presente, marcado por características multifacetadas – como fica evidente pelas palavras da citação recém-apresentada –, a globalização enfrenta compreensões distintas, orientando debates e dividindo entendimentos por parte dos teóricos, principalmente no que tange às questões a respeito das fronteiras nacionais e regionais.

Entre aqueles que pensam as sociedades em rede global, como é o caso do teorista organizacional japonês Kenichi Ohmae, existe uma perspectiva de propor que a globalização acabará por fragmentar e pulverizar as fronteiras nacionais, criando ordenações regionais capazes de vincular o local diretamente ao global. Nesse sentido, a região se veria independente dos poderes do Estado-nação, que perderia sua função sociopolítica e encontraria seu fim com a perda de sua autoridade e de suas funções. Essa morte do Estado favoreceria, portanto, um capitalismo globalizado cujo motor seriam as relações regionalizadas. Dessa forma, o requisito básico para o neoliberalismo globalizado seria a modificação da base estatal em favor da regional (Costa, 2010).

Como comentamos anteriormente, o equívoco dessa proposta está em reduzir a globalização ao neoliberalismo. Para além desse reducionismo, as perspectivas em torno do desaparecimento do Estado-nação, causado pelo vínculo direto entre o global e o regional, são desacreditadas por geógrafos e historiadores.

Conforme argumenta Milton Santos (2001), por mais que a economia global se efetue no interior do espaço nacional, ainda é o Estado-nação que, como conjunto de poderes e instituições, executa as políticas econômicas, aplica as normas de vigência e desenvolve as obras de infraestrutura que possibilitam a instalação de empresas e indústrias. Embora reconheça as pressões impositivas dos órgãos financeiros e dos interesses internacionais, o geógrafo reafirma a importância do Estado para os projetos nacionais, o que não garante, contudo, uma participação popular nessas escolhas.

Admitir a continuidade da existência do Estado em face da globalização não implica afirmar que sua condição histórica permaneça imutável. Segundo Octavio Ianni (2001), existe uma relação imbricada entre o nacional e o global, configurando-se uma via de mão dupla, já que a sociedade global não se constitui de forma autônoma, mas a partir das múltiplas condições apresentadas pelo Estado-nação, fomentando, assim, dinâmicas próprias a esses dois espaços. Nessa perspectiva, o Estado-nação permanece existindo, mas não da mesma forma, sendo modificado pelas demandas dos fluxos em escala mundial.

Diante disso, podemos concluir que, como afirma Paul James (2006), ainda que a globalização seja vista como a compressão do tempo-espaço, essa concepção não supõe a aceitação da ideia de que o processo levará a uma aniquilação das configurações territoriais e das fronteiras por meio da completa submissão do regional ao global, como se o mundo que conhecemos passasse a ser visto como espaço unificado.

Assim, admitindo a importância do Estado-nação para compreendermos tanto a realidade nacional quanto o globalismo e o regionalismo, é interessante dedicarmos atenção aos elementos constitutivos das nações e dos nacionalismos, na intenção de que você entre em contato com outros saberes necessários para avançar nas discussões desenvolvidas neste capítulo.

## (5.2)
# Estado-nação e nacionalismo

A fim de que você possa notar a importância da nação para a compreensão da história dos homens na contemporaneidade, iniciaremos esta seção por uma instigante reflexão de Eric Hobsbawm (1990). Imaginando a completa dizimação da humanidade por uma guerra nuclear e a posterior chegada de um extraterrestre historiador ao que sobrou da Terra, ele afirma sobre o curioso ser intergaláctico:

> *Ele, ou ela – poupe-me de especular sobre o problema da reprodução fisiológica extraterrestre –, consulta as bibliotecas e os arquivos [...] Após alguns estudos, nosso observador conclui que os últimos dois séculos da história humana no planeta Terra são incompreensíveis sem o entendimento do termo "nação" e do vocabulário que dele deriva.* (Hobsbawm, 1990, p. 11)

A centralidade do conceito de nação para o entendimento da história nestes últimos dois séculos não fica restrita ao plano teórico da história, visto que a própria forma de organização das sociedades atuais nos leva a entender nossa vida e nossa identidade como partes da nação. Como faz notar Stuart Woolf (1996), o nacionalismo se tornou parte integrante da vivência contemporânea, fazendo com que os indivíduos se entendam como brasileiros, italianos, franceses, ingleses, entre outras designações nacionais. Ainda segundo o autor, esse sentimento preparou soldados para lutarem nas guerras que ameaçavam a independência de seus Estados, de tal maneira que a ideia de nação se tornou natural a ponto de movimentar esforços para a defesa da independência de um território e dos cidadãos que nele habitam, ao mesmo tempo que barreiras são construídas para excluir aqueles que são considerados estrangeiros (Woolf, 1996).

Para avançarmos no debate acerca desse emaranhado de ideias e pertencimentos, é importante designarmos mais precisamente alguns conceitos, a começar pelo de nação. Nas palavras de Xosé Núñez Seixas (1995, p. 489):

> *uma nação é todo o colectivo de pessoas que sentem um vínculo de natureza ancestral com base numa série de factores comuns variáveis (etnicidade, territorialidade, história, etc.) e que consideram que esse colectivo é a principal referência de delimitação territorial do poder e da soberania.*

Como desdobramento da ideia de nação, Núñez Seixas (1995, p. 489-490) define o nacionalismo como "doutrina política que defende o direito à autodeterminação para uma nação concreta e que, por essa razão, assume e defende que esse colectivo humano é a principal referência e a base da legitimidade política".

Podemos avançar no entendimento desses conceitos recorrendo às reflexões do historiador e cientista político estadunidense Benedict Anderson. Segundo a proposta desse autor, a nação pode ser definida como "uma comunidade política imaginada – e imaginada como sendo intrinsecamente limitada e, ao mesmo tempo, soberana" (Anderson, 2008, p. 32). Como você pode notar, essa explicação envolve outros pressupostos que formam a ideia de nação: a condição de ser imaginada, limitada e soberana. É importante que você atente a esses três critérios.

Conforme o pensamento de Benedict Anderson (2008), a nação é imaginada pois seus membros jamais encontrarão os demais. Tal afastamento demanda que o indivíduo se imagine em comunhão com todos os outros cidadãos que dividem um mesmo território. Para tanto, eles devem conceber que têm uma identidade em comum, uma autoconsciência de pertença que funda o nacionalismo. Já a limitação da nação advém de suas fronteiras territoriais, que, embora possam ser alteradas por diversos fatores ao longo do tempo, representam as linhas que dividem uma formação nacional daquelas que a cercam. Por fim, a soberania surge com os processos de destruição dos governos absolutistas pelas ideias iluministas e ações revolucionárias dos séculos XVIII e com a demanda pela liberdade das nações, pretensão que somente poderia ser garantida pela formação de Estados soberanos (Anderson, 2008).

Por fim, e acompanhando as palavras de Benedict Anderson (2008, p. 34, grifo do original), podemos afirmar que a nação

> é imaginada como uma **comunidade** porque, independente da desigualdade e da exploração efetivas que possam existir dentro dela, a nação sempre é concebida como uma profunda camaradagem horizontal. No fundo, foi essa fraternidade que tornou possível, nestes dois últimos séculos, que tantos milhões de pessoas tenham-se disposto não tanto a matar, mas sobretudo a morrer por essas criações imaginárias limitadas.

Diante dessas questões, podemos nos perguntar: Como surgiu e se desenvolveu o conceito de nação? Para começar a responder a esse questionamento, é importante salvaguardar que, de acordo com Eric Hobsbawm (1990), esse termo pode ser identificado desde a Idade Média com significados distintos: associado a designações relacionadas ao povo, ao nascimento ou à descendência; em referência a grupos comerciais – como guildas ou corporações –; ou, ainda, relacionado acertas associações entre alunos no ambiente universitário. Nesse sentido, a palavra apontava para a vinculação entre o território e uma etnia, entre um espaço e um grupo humano com descendência comum.

A mudança na significação do conceito de nação rumo à sua acepção moderna pode ser constatada a partir do século XVIII, quando passou a se alinhar a um entendimento político que associava um povo não só a um território, mas também a costumes, valores, leis e modos de agir comuns e capazes de integrar um coletivo de pessoas sob um mesmo governo. A partir dessas premissas, pouco a pouco foi sendo desenvolvida a associação entre um governo, um espaço e um poder soberano, fazendo emergir a ideia de Estado-nação (Hobsbawm, 1990).

Considerado em sua formação histórica, o conceito de nação deve ser entendido em suas formulações, sempre fluidas e variáveis de acordo com os territórios. No entanto, como aponta Eric Hobsbawm (1990), é preciso ter em mente que existe uma ordem histórica para esse fenômeno, que é sempre precedido pela existência do Estado e do nacionalismo. Dito de outra forma: "As nações não formam os Estados e os nacionalismos, mas sim o oposto" (Hobsbawm, 1990, p. 19).

Essa ordem de fatores ocorreu pelas demandas próprias de um determinado tipo de Estado – o moderno – em se estabelecer em um contexto particular de desenvolvimento econômico e tecnológico – como passou a ser aquele que marcou o século XVIII em diante. Esse contexto também era sociopolítico, no qual os preceitos do absolutismo, suas dinastias e legitimações religiosas sofreram os abalos da Revolução Francesa, surgindo outros grupos sociais e integrando-se as camadas de baixo, ou seja, as pessoas comuns (Hobsbawm, 1990).

Todavia, embora devam considerar os anseios populares, as nações foram construídas a partir de cima, por meio de tomadas de decisão das camadas políticas, que, detendo a autoridade, foram criando caminhos para o desenvolvimento da consciência nacional pelas pessoas e pelas regiões, que, a princípio, não eram nacionalistas (Hobsbawm, 1990).

Para que esse objetivo fosse cumprido, observa Benedict Anderson (2008), foi necessário construir um ideário comum, capaz de congregar um povo e um território em torno de uma consciência homogênea, tarefa que demandou a construção de memórias idealizadas em torno de um passado que pudesse criar o sentimento de permanência daquela comunidade ao longo do tempo, de modo a fomentar a confiança na atividade constante e anônima dos que formavam essa entidade abstrata chamada de *nação*.

A ideia de nação foi sendo forjada com a ampliação dos usos de uma língua comum, para o que foi essencial a criação de um "capitalismo editorial" que homogeneizava as formas de expressão e compreensão da linguagem partilhada pelo povo a partir do século XVI e que, com o crescimento da alfabetização nas centúrias seguintes, possibilitou a unificação linguística no século XIX. Nesse processo, devem ser consideradas, ainda, a estruturação do aparato administrativo do Estado – que integrava parte dos cidadãos em seu corpo de funcionários – e a definição de uma linguagem própria dos meios oficiais e que se sobrepunha aos dialetos locais. Por fim, mas não menos importante, o Estado-nação erigiu seus símbolos de identidade e poder, como o hino, a bandeira e os monumentos (Anderson, 2008).

Assim, a formação do nacionalismo a partir da emulação de um sentimento de pertença comum era incompatível com o regionalismo. Como afirmado por Stuart Woolf (1996), essa necessidade de criar um ideário homogêneo comum aos membros do Estado-nação não ocorreu sem conflitos com as identidades locais. Tal fato demandou o convencimento das elites locais para a adesão ao projeto nacional e o desenvolvimento de estratégias de convencimento que quebrassem as resistências regionais e as integrassem ao corpo uníssono da nação.

A identidade nacional demanda tanto a inclusão quanto a exclusão, seja do estrangeiro que deve ser expulso em prol da independência do Estado, seja da minoria étnica que ameaça a unidade do sentimento nacional. Contudo, essa mesma pressão por parte de forças nacionalistas gerou as manifestações étnicas e políticas por parte dos atores políticos regionais que se entendiam marginalizados pela nação. Não à toa, foi justamente no século XIX que os regionalismos constatados na Europa – como no caso do catalão – foram sentidos com maior intensidade, fenômeno que coincidiu com as pressões nacionalistas do Estado sobre o território nacional (Woolf, 1996).

Outro aspecto que pode ser considerado para a congregação e emergência de resistências regionais contra a coesão pretendida pelo nacionalista diz respeito à necessidade do Estado em regionalizar seu território de modo a atender aos propósitos administrativos, econômicos, políticos ou sociais. Assim, regiões criadas pela autoridade estatal podem ter reforçado sentimentos nacionalistas nutridos no interior desses espaços, aglutinando-os em torno de identidades que rompiam com as pretensões do Estado-nação e, por consequência, promovendo atritos e conflitos entre as instâncias nacional e regional (Woolf, 1996).

Chegado o século XX, não parece haver dúvida a respeito do triunfo do Estado e da nação, como comprovam não só a disposição de matar ou morrer nas tantas guerras que marcaram o mundo no decurso daqueles cem anos – das quais as expressões mais mortais seguem sendo a Primeira e a Segunda Guerra Mundial –, como também as fronteiras, os passaportes, as formas de se entender como pertencente a uma nacionalidade e os orgulhos nacionais. Ocorre, porém, que o Estado-nação é uma formação histórica e, nessa condição, permanece sempre vinculado às modificações sociais e ao tempo histórico, de modo que

> Simultaneamente à continuidade e reiteração da ideia de nação, os processos sociais, econômicos, políticos e culturais deflagrados pelo mundo afora promovem a globalização. As estruturas de base nacional, assim como as formas de pensamento radicadas nessa base, são contínua e

*progressivamente abaladas, enfraquecidas ou recriadas com outros significados. Acontece que o estado-nação torna-se paulatinamente anacrônico, devido à dinâmica e à força das relações, processos e estruturas que se desenvolvem em escala mundial.* (Ianni, 2001, p. 85)

Assim, com a aceleração do processo de globalização nas últimas décadas do século XX, o Estado-nação deixou de ser unicamente uma formação sociopolítica, econômica e cultural soberana dentro de seus limites, integrando-se cada vez mais a uma realidade que abrange dimensões globais. Em outras palavras, a sociedade nacional passa a ser entendida também como integrante da sociedade global (Ianni, 2001). As consequências dessas imbricações entre o global e o nacional não deixam de atingir as regiões, não só modificando as existentes, mas também criando outras.

Interessado nos aspectos culturais da globalização, Stuart Hall (1997) afirma que os processos globais têm o potencial de atingir as identidades nacionais, reforçando laços existentes acima e abaixo do Estado-nação. Embora o ideário nacional mantenha a força depositada sobre os direitos legais e a cidadania, as identidades regionais tendem a se deslocar rumo a códigos culturais partilhados em âmbito globalizado.

Em um mundo globalizado, os limites das unidades culturais têm seus traços enfraquecidos por fenômenos que atingem todas as regiões do Estado-nação, modificando seus padrões de consumo, suas crenças e as formas de as pessoas se entenderem como indivíduos, cidadãos e consumidores. Em que pese não podermos falar de um apagamento da cultura nacional, o que vivenciamos é um processo de amplo contato do regional com o global, panorama que favorece processos de fusões culturais que modificam as formas de pensamento (Graça Filho, 2009; Hall, 1997).

Para tornar mais claro esse processo, podemos mencionar o exemplo das mensagens e propagandas que nos chegam pelos variados meios de comunicação e que nos mostram possibilidades de acesso aos bens produzidos em partes distintas do mundo, fomentando costumes de consumo homogêneos, da Sibéria à Terra do Fogo, desde o pequeno vilarejo até a megalópole global. Diante disso, podemos nos perguntar: Existiria alguém no mundo que não conhece a Coca-Cola e seus símbolos? Sob essa ótica, nas palavras de Stuart Hall (1997, p. 79-80, grifo do original):

> *Quanto mais a vida social se torna mediada pelo mercado global de estilos, lugares e imagens, pelas viagens internacionais, pelas imagens da mídia e pelos sistemas de comunicação globalmente interligados, mais as **identidades** se tornam desvinculadas – desalojadas – de tempos, lugares, histórias e tradições específicos e parecem "flutuar livremente". Somos confrontados por uma gama de diferentes identidades (cada qual nos fazendo apelos, ou melhor, fazendo apelos a diferentes partes de nós), dentre as quais parece impossível fazer uma escolha.*

As relações entre a região, a nação e o globo não se desenrolam apenas no plano cultural, mas também nas esferas sociopolítica e econômica. A globalização demanda novas formas de organização por parte dos Estados-nação, impelindo-os a novas formas de organização governamental e empresarial, movendo seus lugares de produção e sua força de trabalho e criando articulações regionais que integram nações distintas em torno de objetivos comuns, como é o caso da União Europeia, do Acordo de Livre Comércio da América do Norte (Nafta) e do Mercado Comum do Sul (Mercosul). Podemos mencionar, ainda, a existência de instituições supranacionais que exercem as mais diversas pressões sobre a soberania nacional, como o já citado

Fundo Monetário Internacional (FMI), a Organização das Nações Unidas (ONU) e o Banco Mundial (Graça Filho, 2009; Ianni, 2001). Por meio desse emaranhado de relações políticas, econômicas, sociais e culturais, assim como pelos fenômenos históricos analisados nas páginas anteriores, você pode notar que existe uma dinâmica complexa que vincula os espaços globais, nacionais e regionais, os quais podem estabelecer conexões de naturezas distintas. Com efeito, tais conexões tensionam as interações entre os poderes no interior de cada território. Considerando-se essa questão, é interessante examinarmos dois casos específicos a fim tornarmos mais visíveis as relações entre o nacionalismo e o regionalismo.

## (5.3) Nacionalismos e regionalismos

Como vimos, os vínculos entre o Estado-nação e as regiões que o integram tomam formas distintas de acordo com a realidade histórica. Esses vínculos tanto podem ser caracterizados por imposições por parte do poder central quanto pelas demandas que emergem das forças políticas locais. Ao se colocar diante desses problemas, o historiador deve se manter atento ao estudo dos nacionalismos e dos regionalismos, levando em conta as características específicas desses dois fenômenos em seu devido tempo e espaço. Seguindo esse pressuposto, passaremos à analise de dois casos: primeiro, as tensões que marcam as relações entre a região da Catalunha e a Espanha; em seguida, o Nordeste na configuração nacional brasileira.

Após as duas grandes guerras mundiais, os Estados europeus enfrentaram a necessidade de superar as rivalidades que marcaram esses conflitos, ficando patente a importância de criar formas de integração não só para manter a paz no continente, mas também para fazer frente à concorrência externa, principalmente no campo econômico. A resposta para esses desafios veio com a criação de uma comunidade europeia que proporcionasse maior homogeneidade socioeconômica e descentralizasse as decisões políticas, favorecendo a participação de um número maior de cidadãos (Cruz, 1992). No entanto, esse processo promoveu modificações no interior dos Estados-nação, como afirma Manuel Braga da Cruz (1992, p. 834):

> Ora sucede que estamos hoje a assistir um pouco por toda a parte, mas em particular na Europa, à crise da soberania do Estado-nação, que está a ser posta progressivamente em causa, não só em termos factuais como até em termos jurídicos, pela progressiva desidentificação do Estado com a nação e pela crescente erosão da soberania do Estado «por cima» e «por baixo», por via da integração transnacional e da reorganização regional dos Estados.

Ao mesmo tempo que os Estados europeus caminhavam no sentido de uma integração, irrompiam violentos processos de independência em suas possessões coloniais ao redor do mundo, fazendo emergir Estados modernos onde antes havia as antigas colônias. Em meio a tudo isso, a internacionalização sociocultural, econômica e politico-militar levantava questionamentos contra a soberania dos Estados, que se viam obrigados a, cada vez mais, intervir sobre as regiões de modo a manter uma homogeneidade, planificando a intervenção sobre os espaços nacionais, principalmente por meio da implementação de políticas regionais a partir do poder central. Em contrapartida, as regiões demandaram maior autonomia e poder de decisão nas políticas estatais (Cruz, 1992). Considerando o que acabamos de expor, Manuel Braga da Cruz (1992, p. 838) constata:

*A regionalização surge assim como uma imposição, tanto por motivos de eficácia como de legitimidade, como exigência estratégica de mobilização social e de participação política. Mais: o regionalismo surge como nova expressão do patriotismo, com a progressiva transferência do conceito de pátria da nação para a região. Nesse sentido, o regionalismo, assim entendido como «patriotismo regional», surge como consequência lógica da cosmopolitização. Quanto mais aberto ao mundo se é, quanto mais cosmopolita, tanto maior é a necessidade de pertença regional.*

É justamente sob o pano de fundo desse cenário mundial e das especificidades da Europa que devemos compreender as tensões experimentadas entre a região da Catalunha e o Estado-nação espanhol. De acordo com as interpretações de Xosé Núñez Seixas (1995), a Espanha tem a característica própria, e que a difere dos demais países europeus, de ser transpassada por diferentes grupos étnicos que sobreviveram ao longo da história. Por diversos motivos – baixo grau de desenvolvimento industrial, divisões políticas internas, sistema educacional frágil, parco sentimento de unificação, pouca difusão de sentimentos patrióticos e nacionalistas, entre outros –, a Espanha não logrou constituir ao longo de sua história um Estado nacional forte (Núñez Seixas, 1995).

Esse enfraquecido sentimento nacional fez com que eclodissem movimentos de reivindicação regional desde o século XIX, inicialmente sob a denominação de *províncias*, depois *regiões* e, no final daquele século, *nações*. Impulsionados pela construção de identidades locais e por agentes políticos capazes de congregar uma coletividade em torno de um mesmo objetivo, surgiram os movimentos que, buscando legitimidade no argumento da autodeterminação dos povos, demandavam menos a independência e mais a autonomia em relação ao governo central da Espanha. Assim foi na Galícia, no País Basco e na Catalunha (Núñez Seixas, 1995).

No caso da Catalunha, a demanda pela autonomia foi construída a partir de um passado que remontava à Idade Média, quando a região era governada pela *Generalitat* – nome mantido até os dias atuais – de maneira autônoma, com soberania, instituições e língua próprias, condição que foi mantida mesmo quando, em 1469, o matrimônio de Fernando de Aragão e Isabel de Castela promoveu a união desses dois reinos, surgindo assim a Espanha moderna (Carvalho, 2008).

Com a perda de importância da Catalunha ao longo dos séculos seguintes, o governo central espanhol buscou ampliar seus poderes sobre a região. Em 1714, depois de vencer a Guerra de Sucessão Espanhola (1702-1714), Felipe V impôs à região sua integração à Espanha, acabando com suas instituições próprias e proibindo o uso da língua catalã nos âmbitos administrativo e político, sendo permitida apenas nos cotidianos comunal e familiar (Carvalho, 2008).

Entre o século XIX e o início do século XX, a Catalunha viveu um período de amplo crescimento industrial, favorecido pelos incentivos e pelo protecionismo do governo espanhol, situação que proporcionou uma aglutinação das forças autonomistas regionais, formando-se a chamada Liga Regionalista. Com o enfraquecimento do poder político da Espanha, principalmente diante da perda de suas colônias da América, essa organização nacionalista se viu engrandecida em suas propostas de modernizar o país usando o modelo catalão, sem abandonar as pretensões de autonomia regional. Contudo, em 1923, Primo de Rivera chegou ao poder por meio de um golpe, impondo o primeiro governo nacionalista da Espanha e buscando centralizar os poderes estatais sobre a Catalunha (Carvalho, 2008).

O fim da ditadura de Primo de Rivera e a instituição da Segunda República Espanhola não acabaram com o nacionalismo, mas atribuíram-lhe feições liberais, abrindo espaço para regiões que aprovassem sua autonomia por meio de plebiscito. Assim, em 1932, foi aprovado o Estatuto Catalão. Diante disso, a Espanha caminhava no sentido de se firmar como "uma estrutura territorial de tipo pseudofederal onde não se generalizava uma descentralização administrativa em todas as regiões, mas que estabelecia as bases de um limitado reconhecimento do carácter pluricultural ou multinacional do Estado" (Núñez Seixas, 1995, p. 513).

A radicalização política que marcou o período republicano fortaleceu os sentimentos nacionalistas das regiões periféricas espanholas, ao mesmo tempo que o acirramento social desencadeou a Guerra Civil Espanhola (1936-1939). Com a vitória dos setores fascistas e a chegada do General Francisco Franco, teve início a ditadura franquista e houve o recrudescimento do projeto nacionalista espanhol, orientado por uma matriz tradicional e autoritária com elementos religiosos e de exaltação dos símbolos e das datas nacionais. Todavia, o êxito do governo central foi limitado e acabou gerando o efeito contrário: o fortalecimento da resistência dos nacionalismos periféricos – entre eles, o catalão (Núñez Seixas, 1995).

Esses nacionalismos periféricos cumpriram papel importante para a derrota franquista e o fim da ditadura, acompanhados pela consolidação da democracia constitucional na Espanha a partir de 1976. Em respeito e reconhecimento às nacionalidades históricas das regiões espanholas – Catalunha, País Basco e Galícia –, a Constituição de 1978 admitiu o princípio das autonomias locais, de modo que a Espanha passou a ser reconhecida como um Estado indivisível e uma nação única e politicamente soberana, mas formada por nacionalismos regionais. Essa solução não promoveu, porém, a coesão do sentimento nacional espanhol, propiciando a subsistência de identidades regionalizadas (Carvalho, 2008; Núñez Seixas, 1995).

Longe de estarem solucionadas, as lutas entre a Catalunha e a Espanha adentraram o século XXI. Em 2010, a região experimentou ampla manifestação popular contra a medida do governo central espanhol em não reconhecer pontos do estatuto independentista catalão, com exaltações à constituição da Catalunha como nação livre e independente. Muitos são os argumentos que seguem sustentando as demandas dessa região, tais como sua autonomia ao longo da história, sua importância econômica para a Espanha – em contrataste com as alegações dos separatistas de que pouco ou nada dos recursos pagos como impostos é devolvido em forma de investimentos, que fluem para outras partes do país – e a especificidade de sua produção cultural e de sua língua (Carvalho, 2008).

Em 27 de outubro de 2017, os líderes separatistas catalães, que formavam a maioria no parlamento do governo regional, aprovaram a independência da Catalunha em relação à Espanha. A medida ocorreu como reflexo das contestações regionais após a crise de 2008, e as medidas espanholas, adotadas em conformidade com as determinações da União Europeia, geraram desemprego e cortes de investimento público (Alandete, 2017). Diante dos intentos independentistas, o governo central declarou a medida ilegal, intervindo sobre a região, abrindo processo e buscando prender os líderes do movimento. Sem solução, os embates e os protestos permanecem vivos ainda em 2019 (Ríos; Baquero, 2019).

Como descrevemos, a região da Catalunha mantém relações de constante atrito com a Espanha, construídas ao longo do percurso próprio de suas formações históricas. A esse respeito, é importante você notar que cada Estado-nação e suas regiões devem ser entendidos a partir das particularidades que moldam suas interações, não havendo uma receita válida para a análise de todos os nacionalismos e regionalismos. Partindo desse pressuposto, vamos analisar a seguir o caso da Região Nordeste na formação da nação brasileira.

As questões que giram em torno da construção da identidade nacional brasileira são controversas e longamente debatidas pelos historiadores. As teses que relacionam as lutas pela emancipação da colônia contra a metrópole e a declaração da independência, em 1822, com a fundação de um sentimento de brasilidade experimentam um longo vigor; embora tais teses reconheçam que esse marco emancipatório não possa ser considerado como fundador do Brasil como Estado nacional, elas admitem que 1822 foi um ano divisor de águas para a emergência da nação (Graça Filho, 2009).

É fundamental reconhecer que, entre nós, brasileiros, o processo de formação da nação não experimentou os mesmos pressupostos e fenômenos detectados para a Europa. A nacionalidade brasileira não encontra antecedentes históricos pautados na língua ou na identidade capazes de gerar um sentimento de ancestralidade e de coesão de uma comunidade. A inexistência dos valores sociais de honra sustentados por uma nobreza ou de uma burguesia interessada em construir sua hegemonia sobre identidades e mercados regionais também representa fenômenos que nos distanciam das formações nacionais da Europa. Ademais, o escravismo gozou de longa permanência e defesa pela elite brasileira, o que impede qualquer aceitação de critérios de construção da nação a partir da cidadania universal, bem como da proposição de condições plenas de igualdade para a totalidade do povo (Graça Filho, 2009).

Diante dessas especificidades brasileiras, Afonso de Alencastro Graça Filho (2009) argumenta que o Estado brasileiro se amparou em uma concepção de nação profundamente excludente e, por consequência, marcada por uma frágil legitimidade. Essa característica pode explicar a relevância que os movimentos regionalistas tiveram na constituição da nacionalidade ao longo da história do Brasil, haja vista que os sentimentos regionais eram mais palpáveis do que a distante e abstrata ideia de uma congregação comum em torno da nação.

Olhando mais atentamente para esse panorama histórico, vemos que a independência foi acompanhada pela instituição de um governo monárquico. O Império brasileiro tinha diante de si a demanda de se firmar como poder de união territorial de um país com dimensões continentais e governado por um novo monarca que era português, assim como os emblemas nacionais (Schwarcz; Starling, 2015). Em face dos desafios da nascente nação, era preciso forjar novos símbolos, a começar pela bandeira e por suas cores, vinculadas à linhagem da família real portuguesa:

> *O verde, cor que representava a tradição da Casa dos Bragança, e o amarelo, cor que simbolizava a Casa de Lorena e era usada pela família imperial austríaca, surgiram em posição central. Em destaque, ainda, o losango da bandeira imperial, indisfarçável e incômoda homenagem que D. Pedro I resolvera fazer a Napoleão, apenas introduzindo sobre ele o brasão monárquico, com as armas imperiais aplicadas sob as plantas do Brasil.* (Schwarcz; Starling, 2015, p. 225)

Ao lado da bandeira, o Império recorreu às artes e à literatura para produzir um projeto de nação orientado pela união das populações mistas e pela exuberância natural de um país formado por diversos grupos sociais que deveriam submeter-se ao poder do trono imperial. Essa não era, contudo, a imagem refletida na realidade nacional, marcada por subsequentes revoltas regionais que se fizeram presentes em todo o período do Brasil Império, com maior incidência no contexto regencial – as quais foram sufocadas pelas forças imperiais (Schwarcz; Starling, 2015).

Conforme a construção da nação foi sendo acentuada pelo poder imperial, a partir da segunda metade do século XIX, os discursos regionalistas surgiram como possibilidade de fazer frente ao ideário patriótico e nacionalista emanado das elites políticas. Orientado por preceitos naturalistas – ainda vinculados à ideia da geografia natural, do meio e da raça –, tratava-se de um regionalismo arraigado às questões provincianas ou locais, sustentando intenções separatistas (Albuquerque Júnior, 2011). Entretanto, esse cenário se alterou com a queda da monarquia e a proclamação da República, em 1989.

As mudanças experimentadas pelo Brasil no final do século XIX e, principalmente, a partir das primeiras décadas do século XX provocaram modificações nos regionalismos, que deixaram de estar associados às preocupações provincianas em um contexto de intensa industrialização e de mudanças nos campos econômico e tecnológico. Tais mudanças foram aceleradas pela Primeira Guerra Mundial e pela ascensão dos Estados Unidos como potência mundial. No mesmo contexto, São Paulo despontava com um intenso processo de modernização, tornando-se uma região muito diferenciada em relação às demais do país. Enquanto isso, o Norte experimentava um processo de crise, fundamentada em sua dependência política e econômica diante das demais áreas do país (Albuquerque Júnior, 2011).

A partir de então, os discursos regionalistas do Norte e do Sul pretenderam se situar no âmbito da formação nacional. Nas palavras de Durval Muniz de Albuquerque Júnior (2011, p. 53):

> *Buscam nas partes a compreensão do todo, já que se vê a nação como um organismo composto por diversas partes, que deviam ser individualizadas e identificadas. A busca da nação leva à descoberta da região com um novo perfil. Diferentes saberes, seja no campo da arte ou da ciência, são mobilizados, no sentido de compreender a nação, a partir de um jogo de olhares que perscruta, permanentemente, as outras áreas e volta-se para si próprio, para calcular a distância, a diferença, e para buscar as formas*

*de apagar estas descontinuidades que bloqueiam a emergência da síntese nacional. Cada discurso regional terá um diagnóstico das causas e das soluções para as distâncias encontradas entre as diferentes áreas do país.*

Ocorreu, no entanto, que os discursos regionalistas eram desarmônicos e, mais do que isso, conflituosos. Fundados no "dispositivo das nacionalidades" – agrupamento de regras que estavam em vigência no Ocidente desde o século XVIII e que funcionavam como baliza para dar conta do imperativo de superar as identidades locais em prol da formação de uma nação e suas fronteiras –, os regionalismos brasileiros foram jogados uns contra os outros na arena pela formação e integração da nacionalidade, chocando-se "na tentativa de fazer com que os costumes, as crenças, as relações sociais, as práticas sociais de cada região que se institui neste momento, pudessem representar o modelo a ser generalizado para o restante do país, o que significava a generalização de sua hegemonia" (Albuquerque Júnior, 2011, p. 61).

No palco desse embate, os discursos proferidos desde o Sul, e principalmente de São Paulo, colocavam essa região como espaço civilizado e moderno, povoado por pessoas provenientes da Europa ou diretamente de seus descendentes, estrangeiros determinados a triunfar sobre todos os empecilhos rumo ao progresso. Por essas características, Durval Muniz de Albuquerque Júnior (2011, p. 57) afirma:

> *O regionalismo paulista se configura, pois, como um "regionalismo de superioridade", que se sustenta no desprezo pelos outros nacionais e no orgulho de sua ascendência europeia e branca. São Paulo seria, para este discurso regionalista, o berço de uma nação "civilizada, progressista e desenvolvimentista".*

Em contraposição a essa imagem sulista, os mesmos meios paulistas que exaltavam suas qualidades olhavam para o Nordeste como o lugar do exótico, da natureza exuberante em contraste com a seca que rachava o solo. A degeneração gerada pela mestiçagem racial nessa região lhe atribuía o caráter indolente e as marcas pejorativas em sua psicologia e moral. Impondo-lhe determinantes naturalistas, as expressões do regionalismo paulista sustentavam que os trópicos eram inadequados para qualquer florescimento civilizatório, cabendo à região nordestina, por seu clima e por sua raça, somente a decadência (Albuquerque Júnior, 2011).

Diante desse diagnóstico, Durval Muniz de Albuquerque Júnior (2011) compreende que, entre as décadas de 1920 e 1970, a Região Nordeste foi instituída por meio de um discurso regionalista reacionário por parte da região à qual estava atrelada em uma dependência discursiva, econômica e social: o Sul. Partindo de sua condição hegemônica, São Paulo deu um rosto ao Nordeste e aos nordestinos, por meio de enunciados feitos ao longe, sem considerar sua historicidade, inventando seu lugar na nação brasileira. Nesse cenário, os próprios nordestinos acabaram interiorizando essas imagens feitas de si pelo outro, reconhecendo-se nelas e reforçando-as.

Diante do que debatemos acerca das relações entre a Catalunha e a Espanha e do Brasil e suas regiões, podemos observar que o percurso da formação do Estado-nação e do nacionalismo tem características próprias de cada sociedade em sua formação histórica. Por isso, é essencial considerarmos a nação a partir das especificidades que a compõem em sua dimensão interna, sem ignorar os elementos que a perpassam a partir do âmbito externo.

## Síntese

Como observamos ao longo deste capítulo, a globalização e o ideário globalista se firmaram a partir das últimas décadas do século XX, alterando cultural, política, econômica e socialmente as relações entre as nações. Em meio a esse cenário, os Estados-nação viram ser enfraquecidos ou solapados os preceitos sobre os quais estava assentado o nacionalismo, entendido como concepção essencial à coesão dos povos e das regiões que constituem o país.

Além disso, destacamos que as relações entre o Estado e as regiões foram constituídas ao longo do percurso histórico de cada formação nacional e regional, de maneira que cada uma dessas partes pode ser compreendida em sua formação específica, mas nunca de maneira isolada, haja vista que elas formam a totalidade do território nacional em meio a tensões, enfrentamentos e associações próprios dos sentimentos nacionalistas e regionalistas.

## Atividades de autoavaliação

1. Sobre o processo de globalização, assinale a alternativa **incorreta**:
   a) Ao mesmo tempo que integra os mercados ao redor do mundo, a globalização fomenta a criação de regiões socioeconômicas, como são os casos da União Europeia e do Mercosul.
   b) A globalização cultural diz respeito às formas globais de constituições identitárias e de hábitos cotidianos, como o consumo de produtos com apelo mundial.

c) A globalização em sua dimensão tecnológica é caracterizada pelo desenvolvimento de uma ampla rede de comunicação com abrangência mundial, possibilitando o contato entre pessoas de diferentes espaços.

d) A compressão do tempo-espaço é um fenômeno atribuído aos processos de globalização que permitem rápidos deslocamentos no espaço em curto período de tempo, transmitindo o sentimento de encolhimento do mundo.

e) A expressão *aldeia global* aponta para um comportamento crescente no século XXI, caracterizado pelo isolamento de localidades que, embora inseridas no globo, buscam distanciar-se das relações mundiais.

2. Relacionando os movimentos de antiglobalização e os regionalismos com o Estado-nação, assinale a alternativa correta:

a) Apesar da distinção de suas origens e motivações, os movimentos regionalistas e os de antiglobalização se aproximam no que diz respeito ao poder de decisão detido pelos cidadãos diante dos interesses do Estado.

b) Ocupando posições antagônicas no jogo global, os movimentos antiglobalização travaram violentos confrontos contra grupos regionalistas.

c) Enquanto o movimento antiglobalização defendia o fortalecimento das fronteiras do Estado, os regionalistas apregoavam o fim do Estado-nação em prol da vinculação direta entre o local e o global.

d) Apesar de diferentes formas de ação política, todos os movimentos regionalistas buscam obter a independência territorial e a autonomia da região em face dos poderes estatais.

e) A configuração econômica do comércio mundial na contemporaneidade tem demonstrado que o fim do Estado-nação está próximo, em virtude da corrosão de sua base social pelas demandas regionais.

3. Considerando as relações entre Estado, nação e nacionalismo, assinale a alternativa **incorreta**:

a) Nos últimos dois séculos, a nação ocupou uma condição central na vida social dos homens, o que pode ser notado na forma pela qual nos designamos como pertencentes a uma nacionalidade ou na exigência dos passaportes para viagens internacionais.

b) O sentimento nacionalista explica a disposição de soldados não apenas para matar, mas principalmente para morrer em prol de seu país.

c) A nação não se constitui em uma comunidade imaginada, e sim vista claramente, uma vez que, em um momento ou outro, todos aqueles que a integram terão se encontrado ao menos uma vez.

d) O Estado-nação surgiu a partir das ideias iluministas que solaparam as bases do Estado absolutista e que motivaram as revoluções do século XVIII.

e) Embora o conceito de nação possa ser constatado desde a Idade Média, seu entendimento contemporâneo está associado à constituição do Estado-nação.

4. Considerando os regionalismos na Espanha e no Brasil, assinale a alternativa correta:
   a) Partilhando de uma formação histórica similar, Espanha e Brasil experimentaram as mesmas demandas por parte dos movimentos regionalistas.
   b) Recorrendo à exaltação de sua língua e aos argumentos de sua autonomia ao longo da história, a Catalunha busca ainda hoje obter sua independência em relação à Espanha.
   c) Tendo perdido sua autonomia para o poder central espanhol no século XV, apenas recentemente a Catalunha obteve força política para lutar pela sua independência.
   d) Compartilhando da igualdade de cidadania ao longo de toda a sua história, o Brasil não sofreu com demandas ou revoltas regionais, característica que favoreceu a formação do sentimento nacional.
   e) Economicamente poderoso desde o período colonial, o Nordeste concentrou os discursos nacionalistas que deram coesão ao Estado-nação brasileiro.

5. A respeito dos debates historiográficos sobre os conceitos de globalismo, nacionalismo e regionalismo, assinale com V as assertivas verdadeiras e com F as falsas:
   ( ) A constituição da nação precede a formação do Estado e o sentimento nacionalista, que aparece somente quando o Estado-nação atinge seu pleno desenvolvimento.
   ( ) Globalização e globalismo são conceitos sinônimos e nasceram da ideologia neoliberal do final do século XX.
   ( ) Em sentido estrito, podemos falar do conceito de globalização a partir das últimas décadas do século XX e da integração econômica, política e tecnológica global.

( ) O conceito de globalismo é usado para designar práticas, processos e subjetividades detectados em dimensão global e possibilitados pelas conexões que cruzam o espaço e vinculam as várias regiões do mundo.

( ) O regionalismo surgiu como efeito da progressiva transmissão da ideia de pátria da nação para a região.

A seguir, assinale a alternativa que apresenta a sequência correta:
a) F, F, V, V, V.
b) V, F, F, V, F.
c) V, V, F, V, V.
d) F, V, F, F, V.
e) V, F, V, V, F.

## Atividades de aprendizagem

Questões para reflexão

1. A cidade de Detroit, nos Estados Unidos, sofreu fortemente com a Crise de 2008, que aprofundou o processo de desindustrialização, fenômeno presente em outras regiões a partir dos impactos de uma economia cada vez mais globalizada, e afetou a sociedade dessa cidade estadunidense. Tendo em vista esse cenário, busque por matérias de jornal ou revista, artigos acadêmicos ou de opinião e demais fontes que tratem dos impactos da Crise de 2008 sobre a cidade americana de Detroit. Elenque os principais problemas enfrentados pela região em seus aspectos socioeconômicos e desenvolva um breve texto que contenha uma síntese dessas informações. Em seguida, apresente sua elaboração textual ao seu grupo de estudo.

2. Ainda considerando o contexto da atividade anterior, procure fontes de informação sobre a cidade norte-americana de Detroit que discutam como essa localidade encontrou soluções para a grave crise que se abateu sobre a região. Liste as principais medidas tomadas para solucionar os problemas sociais e econômicos e desenvolva um breve texto que contenha uma síntese dessas informações. Em seguida, apresente sua elaboração textual ao seu grupo de estudo.

## Atividade aplicada: prática

1. Ao longo dos processos eleitorais brasileiros de 2014 e 2018, o Nordeste foi alvo de discursos xenófobos por parte de habitantes de outras regiões do Brasil. Diante desse fato, pesquise algumas matérias de jornais e artigos acadêmicos e, com base nesse material, desenvolva um texto em que você analise essas manifestações, relacionando-as com o que foi debatido ao longo deste capítulo sobre o nacionalismo e a construção de concepções sobre a Região Nordeste. Depois, compare suas reflexões com as desenvolvidas por seus colegas.

# Considerações finais

Chegamos ao final deste livro e, considerando que cumprimos as propostas de reflexão anunciadas no texto de apresentação, é importante oferecermos uma síntese sobre os diversos assuntos tratados nas páginas anteriores, colocando no centro de nossa reflexão a história regional e o conceito de região.

Conforme você acompanhou ao longo dos Capítulos 4 e 5, a região pode ser entendida a partir das formações históricas que constituem e orientam as perspectivas de análise próprias da história regional. Assim, os aspectos sociais, políticos, econômicos e culturais atribuem os traços formativos dos recortes espaciais, instituindo as visões que seus habitantes têm de si mesmos, assim como do espaço que os cerca. Essa relação entre o "dentro" e o "fora", entre o "eu" e o "outro", não ocorre de maneira simplista ou unilateral, mas sempre por meio das múltiplas vinculações entre o local e o global, dimensões possíveis de serem compreendidas a partir da realidade histórica própria de cada contexto temporal.

Se, ao longo de muitos séculos, os seres humanos se entendiam como indivíduos ou comunidades vinculadas diretamente a uma localidade, o avanço e a integração das regiões e das nações em um mundo transpassado por crescentes relações mundializadas, com perspectivas de ordenamentos globalizantes – como discutimos nos Capítulos 3 e 5 –, alteraram as formas de compreensão dos homens diante da imensidão do mundo e das múltiplas formas de vida e de organização social que perpassam as diferentes regiões do planeta. Nesse sentido, com os contatos estabelecidos por povos distantes, abrem-se novas possibilidades de aproximações por meio da alteridade, rompendo-se as visões centradas em si para levar em conta também os olhares próprios do outro. Diante disso, as imposições regionalistas e nacionalistas cederam em face de propostas historiográficas mais preocupadas em considerar as formações socioculturais em suas especificidades, sem hierarquizá-las, como demonstram as proposta da história global e as críticas feitas pelos historiadores globais aos modelos universais ou totais.

Dessa forma, ao mesmo tempo que o mundo se amplia pela integração econômica, a percepção de sua imensidão espacial se vê reduzida pelas potencialidades que as novas tecnologias têm para estabelecer o contato entre pessoas situadas em distintos tempos e espaços. Sob essa ótica, local e global – problemática examinada ao longo do Capítulo 3 – misturam-se, revelando a condição dinâmica entre o micro e o macro, temas pertinentes à historiografia que emergiu ao longo do século XX, principalmente a partir das décadas de 1970 e 1980.

Também inserida nesse contexto de renovação historiográfica, a história regional surgiu e se afirmou como uma vertente capaz de propor explicações para as divisões espaciais a partir das especificidades do local, negando as imposições de modelos macroanalíticos e propondo questionamentos às teorias explicativas alinhadas às propostas totalizantes.

Obra da memória, da percepção e do intelecto humano, a história não se desenvolve fora daquilo que ela busca analisar, isto é, os homens no tempo e no espaço. Logo, conforme passamos a nos entender como pertencentes a uma região em sua dimensão mais próxima e envoltos pela formação sociopolítica, econômica e cultural própria dos locais onde nascemos e vivemos, tencionamos a proposição de modelos historiográficos que atendam aos desafios de nossa compreensão na atualidade – um presente regional e global, dimensões inerentes aos estudos regionais e à história regional.

Portanto, filha de seu próprio contexto histórico, a história regional responde aos nossos anseios de compreender a forma como cada um de nós, individualmente ou em grupo, se insere no tempo e no espaço de um mundo que é, ao mesmo tempo, regional e global, oferecendo teorias e métodos para propor explicações que vinculem essas duas dimensões, a serem considerados pelos historiadores em prol da compreensão da realidade que nos cerca.

# Referências

ALANDETE, D. A Catalunha é independente? **El País**, 27 out. 2017. Opinião. Disponível em: <https://brasil.elpais.com/brasil/2017/10/27/opinion/1509119884_729729.html>. Acesso em: 27 maio 2020.

ALBUQUERQUE JÚNIOR, D. M. de. **A invenção do Nordeste e outras artes**. São Paulo: Cortez, 2011.

AMADO, J. História e região: reconhecendo e construindo espaços. In: SILVA, M. A. da. (Coord.). **República em migalhas**: história regional e local. São Paulo: Marco Zero, 1990. p. 7-15.

ANDERSON, B. **Comunidades imaginadas**. Tradução de Denise Bottmann. São Paulo: Companhia das Letras, 2008.

BARROS, J. D'A. **História, espaço, geografia**: diálogos interdisciplinares. Petrópolis: Vozes, 2017.

BARROS, J. D'A. História, região e espacialidade. **Revista de História Regional**, Ponta Grossa, v. 10, n. 1, p. 95-129, 2005. Disponível em: <https://www.revistas2.uepg.br/index.php/rhr/article/view/2211>. Acesso em: 27 maio 2020.

BARROS, J. D'A. Histórias cruzadas: considerações sobre uma nova modalidade baseada nos procedimentos relacionais. **Anos 90**, Porto Alegre, v. 21, n. 40, p. 277-310, dez. 2014. Disponível em: <https://seer.ufrgs.br/anos90/article/view/42174>. Acesso em: 27 maio 2020.

BARROS, J. D'A. **O campo da história**: especialidades e abordagens. Petrópolis: Vozes, 2004.

BITTENCOURT, C. M. F. **Ensino de história**: fundamentos e métodos. São Paulo: Cortez, 2004. (Coleção Docência em Formação).

BLANC-PAMARD, C.; RAISON, J.-P. Paisagem. In: **Enciclopédia Einaudi**. Lisboa: Imprensa Nacional; Casa da Moeda, 1986. p. 138-160. v. 8.

BLOCH, M. **Apologia da história ou O ofício do historiador**. Tradução de André Telles. Rio de Janeiro: J. Zahar, 2001.

BOUCHERON, P. O entreter do mundo. In: BOUCHERON, P.; DELALANDE, N. (Org.). **Por uma história-mundo**. Tradução de Fernando Scheibe. Belo Horizonte: Autêntica, 2015. p. 7-20.

BOURDIEU, P. A ideia de região. In: _____. **O poder simbólico**. 5. ed. Rio de Janeiro: Bertrand Brasil, 2002. p. 107-132.

BRASIL. Ministério da Educação. Secretaria de Educação Básica. **Base Nacional Comum Curricular**. Brasília, 2017. Disponível em: <http://basenacionalcomum.mec.gov.br/images/BNCC_EI_EF_110518_versaofinal_site.pdf>. Acesso em: 7 fev. 2020.

BRAUDEL, F. **Civilização material, economia e capitalismo**: séculos XV a XVIII. São Paulo: WMF Martins Fontes, 2009. v. 3.

BRAUDEL, F. História e ciências sociais: a longa duração. In: NOVAIS, F. A.; SILVA, R. F. (Org.). **Nova história em perspectiva**. São Paulo: Cosac Naify, 2011. p. 86-121.

BRAUDEL, F. **História e ciências sociais**. Lisboa: Presença, 1981.

BRAUDEL, F. **O Mediterrâneo e o mundo mediterrâneo na época de Filipe II**. São Paulo: Edusp, 2016.

BRINGEL, B.; ECHART MUÑOZ; E. Dez anos de Seattle, o movimento antiglobalização e a ação coletiva transnacional. **Ciências Sociais Unisinos**, São Leopoldo, v. 46, n. 1, p. 28-36, jan./abr. 2010. Disponível em: <http://revistas.unisinos.br/index.php/ciencias_sociais/article/viewFile/168/38>. Acesso em: 15 abr. 2020.

BURKE, P. **O que é história cultural?** 2. ed. Rio de Janeiro: Zahar, 2008.

BURKE, P. **The French Historical Revolution**: the Annales School, 1929-1989. Oxford: Polity Press, 1990.

CALDEIRA, A. M. O poder da memória nacional: heróis e vilões na mitologia salazarista. **Penélope**, Lisboa, v. 15, p. 121-139, 1995.

CARDOSO, C. F. **Agricultura, escravidão e capitalismo**. Petrópolis: Vozes, 1979.

CARDOSO, C. F. Repensando a construção do espaço. **Revista de História Regional**, Ponta Grossa, v. 3, n. 1, p. 7-23, 1998. Disponível em: <https://www.revistas2.uepg.br/index.php/rhr/article/view/2050/1532>. Acesso em: 7 fev. 2020.

CARDOSO, C. F.; VAINFAS, R. (Org.). **Domínios da história**: ensaios de teoria e metodologia. Rio de Janeiro: Elsevier, 1997.

CARRIS. **História**. Disponível em: <https://www.carris.pt/a-carris/historia/>. Acesso em: 17 jul. 2020.

CARVALHO, B. T. Nacionalismo na atualidade: o caso da Catalunha. **Fronteira**, Belo Horizonte, v. 7, n. 14, p. 25-45, 2008. Disponível em: <http://periodicos.pucminas.br/index.php/fronteira/article/view/3874/4170>. Acesso em: 7 fev. 2020.

CERRI, L. F. Regionalismo e ensino de história. **Revista de História Regional**, Ponta Grossa, v. 1, n. 1, p. 135-143, 1996. Disponível em: <https://www.revistas2.uepg.br/index.php/rhr/article/view/2020/1503>. Acesso em: 15 abr. 2020.

CERTEAU, M. de. Operação histórica. In: LE GOFF, J.; NORA, P. **História**: novos problemas. Tradução de Theo Santiago. Rio de Janeiro: F. Alves, 1979. p. 17-48.

CHAUNU, P. **Sevilha e a América nos séculos XVI e XVII**. São Paulo: Difel, 1979.

COSTA, R. H. **Regional-global**: dilemas da região e da regionalização na geografia contemporânea. Rio de Janeiro: Bertrand Brasil, 2010.

CROSSLEY, P. K. **O que é história global?** Petrópolis: Vozes, 2015.

CRUZ, M. B. da. Europeísmo, nacionalismo, regionalismo. **Análise Social**, Lisboa, v. 27, n. 118-119, p. 827-853, 1992. Disponível em: <http://analisesocial.ics.ul.pt/documentos/1223055071N2vGE0kx0Er83BB8.pdf>. Acesso em: 15 abr. 2020.

DEAN, W. **A ferro e fogo**: a história e a devastação da Mata Atlântica brasileira. São Paulo: Companhia das Letras, 1996.

DOSSE, F. **A história em migalhas**: dos Annales à Nova História. São Paulo: Ensaio; Campinas: Ed. da Unicamp, 1992.

FEBVRE, L. **La Tierra y la evolución humana**: introducción geográfica a la historia. Allende: Union Tipografica Editorial Hispano America, 1955.

FOUCAULT, M. **Microfísica do poder**. 3. ed. Rio de Janeiro: Graal, 1982.

FRANCO, M. S. de C. **Homens livres na ordem escravocrata**. São Paulo: Ática, 1974.

FUNKE, W. **Lugar da Sé de Lisboa em Portugal durante os reinados de D. Dinis e D. Afonso IV (1279-1357)**. 137 f. Dissertação (Mestrado em História) – Universidade Federal do Paraná, Curitiba, 2019.

GODINHO, V. M. **Os descobrimentos e a economia mundial**. Lisboa: Presença, 1981. v. 1.

GOMES, P. C. da C. O conceito de região e sua discussão. In: COSTA, I. G.; GOMES, P. C. da C.; CORRÊA, R. L. (Org.). **Geografia**: conceitos e temas. Rio de Janeiro: Bertrand Brasil, 2000. p. 49-76.

GONÇALVES, J. H. R. **História regional e ideologias**: em torno de algumas coreografias políticas do norte paranaense – 1930/1980. 255 f. Dissertação (Mestrado em História) – Universidade Federal do Paraná, Curitiba, 1995.

GOUBERT, P. História local. **Revista Arrabaldes**, Petrópolis, v. 1, n. 1, p. 69-82, maio/ago. 1988.

GRAÇA FILHO, A. de A. **História, região e globalização**. Belo Horizonte: Autêntica, 2009.

HALL, S. **A identidade cultural na pós-modernidade**. Rio de Janeiro: DP&A, 1997.

HARTOG, F. Experiências do tempo: da história universal à história global? **História, histórias**, Brasília, v. 1, n. 1, p. 164-179, 2013. Disponível em: <https://pdfs.semanticscholar.org/c2bd/54740ed38bd070085c1ef82134bd36ee98e9.pdf>. Acesso em: 15 abr. 2020.

HARVEY, D. **A condição pós-moderna**. 23. ed. São Paulo: Loyola, 2012.

HOBSBAWM, E. **Nações e nacionalismos desde 1780**: programa, mito e realidade. Rio de Janeiro: Paz e Terra, 1990.

HUNT, L. **Writing History in the Global Era**. Nova York: W. W. Norton & Company, 2014.

IANNI, O. **A era do globalismo**. 5. ed. Rio de Janeiro: Civilização Brasileira, 2001.

JAMES, P. **Globalism, Nationalism, Tribalism**: Bringing Theory back in. London: Sage, 2006.

JANOTTI, M. L. M. Historiografia, uma questão regional? São Paulo no período republicano, um exemplo. In: SILVA, M. A. (Org.). **República em migalhas**: história regional e local. São Paulo: Marco Zero, 1990. p. 81-101.

KOSELLECK, R. **Futuro passado**: contribuição à semântica dos tempos históricos. Tradução de Wilma Patrícia Maas e Carlos Almeida Pereira. Rio de Janeiro: Contraponto; PUC-Rio, 2006.

LA BLACHE, P. V. de. A geografia humana: suas relações com a geografia da vida. In: HAESBAERT, R.; PEREIRA, S. N.; RIBEIRO, G. **Vidal, vidais**: textos de geografia humana, regional e política. Rio de Janeiro: Bertrand Brasil, 2012. p. 99-123.

LACOSTE, Y. **A geografia**: isso serve, em primeiro lugar, para fazer a guerra. Campinas: Papirus, 2012.

LE ROY LADURIE, E. **Montaillou**: povoado occitânico (1294-1324). São Paulo: Companhia das Letras, 1997.

LEPAGE, J.-D. **Castles and Fortified Cities of Medieval Europe**: an Illustrated History. London: MacFarland & Company, 2002.

LEVI, G. **Herança imaterial**: trajetória de um exorcista no Piemonte do século XVII. Rio de Janeiro: Civilização Brasileira, 2000.

LEVI, G. Microhistory and Global History. **História Crítica**, Bogotá, n. 69, p. 21-35, 2018.

LOVE, J. L. **A locomotiva**: São Paulo na federação brasileira – 1889-1937. Rio de Janeiro: Paz e Terra, 1982.

MACHADO, A. R. de A. Entre o nacional e o regional: uma reflexão sobre a importância dos recortes espaciais na pesquisa e no ensino da história. **Anos 90**, Porto Alegre, v. 24, n. 45, p. 293-319, jul. 2017. Disponível em: <https://seer.ufrgs.br/anos90/article/view/61317/44016>. Acesso em: 15 abr. 2020.

MATTOSO, J. **A escrita da história**: teoria e métodos. Lisboa: Estampa, 1988.

MIGNOLO, W. **Histórias locais/projetos globais**: colonialidade, saberes subalternos e pensamento limiar. Belo Horizonte: Ed. da UFMG, 2003.

NÚÑEZ SEIXAS, X. M. Os nacionalismos na Espanha contemporânea: uma perspectiva histórica e algumas hipóteses para o presente. **Análise Social**, Lisboa, v. 30, n. 131-132, p. 489-526, 1995. Disponível em: <http://analisesocial.ics.ul.pt/documentos/1223380921I5qRE8oj8Nl88ZC7.pdf>. Acesso em: 15 abr. 2020.

OLIVEIRA, F. de. **Elegia para uma re(li)gião**. Rio de Janeiro: Paz e Terra, 1977.

PESEZ, J.-M. Castelo. In: Le GOFF, J.; SCHMITT, J.-C. **Dicionário temático do Ocidente medieval**. Bauru: Edusc, 2006. p. 153-172.

REVEL, J. Microanálise e construção do social. In: REVEL, J. (Org.). **Jogos de escalas**: a experiência da microanálise. Rio de Janeiro: Fundação Getulio Vargas, 1998. p. 15-38.

REVEL, J. Micro-história, macro-história: o que as variações de escala ajudam a pensar em um mundo globalizado. **Revista Brasileira de Educação**, Rio de Janeiro, v. 15, n. 45, p. 434-444, set./dez. 2010. Disponível em: <http://www.scielo.br/pdf/rbedu/v15n45/03.pdf>. Acesso em: 7 fev. 2020.

RÍOS, P.; BAQUERO, C. S. Protestos em Barcelona ampliam crise do separatismo catalão após condenação de líderes. **El País**, Barcelona, 15 out. 2019. Disponível em: <https://brasil.elpais.com/brasil/2019/10/15/internacional/1571126070_689008.html>. Acesso em: 7 fev. 2020.

ROJAS, C. A. A. **Uma história dos Annales (1921-2001)**. Tradução de Jurandir Malerba. Maringá: Eduem, 2004.

RONCAYOLO, M. Região. In: **Enciclopédia Einaudi**. Lisboa: Imprensa Nacional-Casa da Moeda, 1986. p. 161-189. v. 8.

ROSENTAL, P. Construir o "macro" pelo "micro": Fredrik Barth e a "microstoria". In: REVEL, J. (Org.). **Jogos de escalas**: a experiência da microanálise. Rio de Janeiro: Fundação Getulio Vargas, 1998. p. 151-172.

RÜSEN, J. **Cultura faz sentido**: orientações entre o ontem e o amanhã. Petrópolis: Vozes, 2014.

SANTOS JÚNIOR, J. J. G. dos; SOCHACZEWSKI, M. História global: um empreendimento intelectual em curso. **Revista Tempo**, Niterói, v. 23, n. 3, p. 482-505, set./dez. 2017. Disponível em: <http://www.scielo.br/pdf/tem/v23n3/1980-542X-tem-23-03-483.pdf>. Acesso em: 15 abr. 2020.

SANTOS, M. **A natureza do espaço**: técnica e tempo, razão e emoção. São Paulo: Hucitec, 1997a.

SANTOS, M. **Por uma geografia nova**: da crítica da geografia a uma geografia crítica. 6. ed. São Paulo: Edusp, 2004.

SANTOS, M. **Por uma outra globalização**: do pensamento único à consciência universal. 6. ed. Rio de Janeiro: Record, 2001.

SANTOS, M. **Técnica, espaço, tempo**: globalização e meio técnico-científico informacional. São Paulo: Hucitec, 1997b.

SCHMIDT, M. A. O ensino de história local e os desafios da formação da consciência histórica. In: MONTEIRO, A. M. F. C. et. al. **Ensino de história**: sujeitos, saberes e práticas. Rio de Janeiro: Mauad X, 2007. p. 187-198.

SCHWARCZ, L. M.; STARLING, H. **Brasil**: uma biografia. São Paulo: Companhia das Letras, 2015.

SENKO, E. C. **O passado e o futuro assemelham-se como duas gotas d'água**: uma reflexão sobre a metodologia da história de Ibn Khaldun (1332-1406). 200 f. Dissertação (Mestrado em História) – Universidade Federal do Paraná, Curitiba, 2012.

SEVCENKO, N. Introdução. In: NOVAES, F. A.; SEVCENKO, N. (Coord.). **História da vida privada no Brasil**. São Paulo: Companhia das Letras, 1998. p. 7-48. v. 3: República: da Belle Époque à Era do Rádio.

SILVA, K. V.; SILVA, M. H. **Dicionário de conceitos históricos**. São Paulo: Contexto, 2009.

SILVA, V. A. C. Regionalismo: o enfoque metodológico e a concepção histórica. In: SILVA, M. A. (Org.). **República em migalhas**: história regional e local. São Paulo: Marco Zero, 1990. p. 43-49.

SILVEIRA, R. M. G. Região e história: questão de método. In: SILVA, M. A. (Org.). **República em migalhas**: história regional e local. São Paulo: Marco Zero, 1990. p. 17-42.

SOUZA, L. de M. e. **Desclassificados do ouro**: a pobreza mineira no século XVIII. 2. ed. Rio de Janeiro: Graal, 1986.

SUBRAHMANYAM, S. Em busca das origens da história global: aula inaugural proferida no Collège de France em 28 de novembro de 2013. **Estudos Históricos**, Rio de Janeiro, v. 30, n. 60, p. 219-240, jan./abr. 2017. Disponível em: <http://bibliotecadigital.fgv.br/ojs/index.php/reh/article/view/66005/65433>. Acesso em: 7 fev. 2020.

THRIFT, N. For a New Regional Geography 1. **Progress in Human Geography**, v. 14, n. 2, p. 272-279, 1990.

THRIFT, N. For a New Regional Geography 2. **Progress in Human Geography**, v. 15, n. 4, p. 456-465, 1991.

THRIFT, N. For a New Regional Geography 3. **Progress in Human Geography**, v. 17, n. 1, p. 92-100, 1993.

TUAN, Y.-F. **Espaço e lugar**: a perspectiva da experiência. São Paulo: Difel, 1983.

TUCÍDIDES. **História da Guerra do Peloponeso**. Tradução de Mário da Gama Kury. Brasília: Ed. da UnB/Instituto de Pesquisa de Relações Internacionais; São Paulo: Imprensa Oficial do Estado de São Paulo, 2001.

VILAR, P. **Introducción al vocabulario del análisis histórico**. Barcelona: Crítica, 1999.

WOOLF, S. Introduction. In: WOOLF, S. **Nationalism in Europe**: 1815 to the Present. New York: Routledge, 1996. p. 1-39.

ZULUAGA, F. U. Unas gotas: reflexiones sobre la historia local. **Historia y Espacio**, Cali, v. 2, n. 27, p. 1-11, 2006.

# Bibliografia comentada

ALBUQUERQUE JÚNIOR, D. M. de. **A invenção do Nordeste e outras artes.** São Paulo: Cortez, 2011.

Dedicado ao estudo da formação do Nordeste no ideário nacional brasileiro, esse livro é fruto de uma importante tese de doutoramento, revista e aprofundada em sua versão publicada e direcionada ao amplo público. Desenvolvida por Durval Muniz de Albuquerque Júnior, a pesquisa apresenta discussões atualizadas sobre o tratamento historiográfico das regiões e dos regionalismos no quadro dos debates a respeito do nacionalismo. O autor recorreu a um amplo conjunto de fontes – documentais, literárias, artísticas e audiovisuais – e expõe as possibilidades de abordagens teórico-metodológicas pertinentes aos estudos com enfoque regional, sem perder de vista a vinculação desse recorte com as outras dimensões do espaço.

BARROS, J. D'A. **História, espaço, geografia:** diálogos interdisciplinares. Petrópolis: Vozes, 2017.

De maneira didática, José D'Assunção Barros desenvolve nesse livro reflexões interdisciplinares entre a história e a geografia, possibilitando uma compreensão lúcida desses dois campos de estudo e suas contribuições mútuas para o entendimento da vida humana no tempo e no espaço. Com cuidadosa atenção à definição dos principais conceitos geográficos e historiográficos, entre os quais estão os de região, paisagem, população, escala e tempo-espaço, o autor abre caminho para debates teórico-metodológicos acerca do fazer historiográfico, tratando da história local, da história regional e da micro-história, bem como de suas particularidades, distinções, aproximações e distanciamentos. Tais temas fazem desse livro uma referência relevante para os primeiros passos de um historiador dedicado aos temas regionais.

COSTA, R. H. **Regional-global**: dilemas da região e da regionalização na geografia contemporânea. Rio de Janeiro: Bertrand Brasil, 2010.

Voltado principalmente para os debates teóricos da geografia a respeito dos recortes regionais e de suas relações com a dimensão global do espaço, esse livro é uma leitura interessante para o pesquisador da história regional por fornecer uma rica trajetória do conceito de região ao longo do tempo. A obra reúne matrizes de pensamento sustentadas pelos mais diversos autores que contribuíram para reflexões a esse respeito, desde os positivistas do século XIX até os pós-modernos do século XX. Para além desse esforço de síntese, a obra apresenta ainda as próprias propostas do autor para o entendimento da região como recorte espacial e dos processos de regionalização.

SILVA, M. A. (Org.). **República em migalhas**: história regional e local. São Paulo: Marco Zero, 1990.

Resultado de uma compilação de relevantes estudos dedicados à história regional, alguns deles apresentados no XIII Simpósio Nacional da Associação Nacional dos Professores Universitários de História (Anpuh), realizado em 1985, esse livro conta com a contribuição de uma gama de historiadores, todos eles interessados em compreender os aspectos regionais do Brasil. Seu índice contempla estudos que abordam o conceito de região, caminhos teórico-metodológicos para as pesquisas regionais e estudos de caso. Trata-se de uma obra que permanece ainda hoje como referência para os debates a respeito da história regional.

CROSSLEY, P. K. **O que é história global?** Petrópolis: Vozes, 2015.

Os debates relacionados à história global são relativamente recentes e vêm sendo desenvolvidos principalmente em centros internacionais de produção historiográfica, como Estados Unidos, França e Inglaterra. Por serem ainda pouco difundidas no Brasil, as discussões a respeito dessa temática encontram ainda poucos estudos em português, o que faz desse livro – fruto da tradução do original *What Is Global History?*, de autoria da historiadora norte-americana Pamela Kyle Crossley – um recurso acessível aos falantes da língua portuguesa. Ao longo de suas páginas, a autora busca definir as principais características que compõem a história global, seus objetivos e suas propostas centrais, assim como fontes e possibilidades de desenvolvimento de estudos com perspectivas globais.

*Carlos Eduardo Zlatic*

GRAÇA FILHO, A. de A. **História, região e globalização**.
Belo Horizonte: Autêntica, 2009.

Abarcando temáticas que vão desde a história regional e local até os processos contemporâneos da globalização, essa obra procura sintetizar algumas das discussões que perpassam a aproximação entre a geografia humana e a escola dos Annales, as definições e propostas para a compreensão dos processos de regionalização e seu entendimento historiográfico, assim como a emergência de uma sociedade globalizada e suas implicações para os Estados-nação no que diz respeito à cultura, à economia, à sociedade e à política. Ao longo do livro, Afonso de Alencastro Graça Filho trata de diferentes perspectivas teórico-metodológicas sobre todas essas questões, o que faz da obra um excelente manual para a abordagem de diversas problemáticas caras aos estudos históricos.

SILVA, K. V.; SILVA, M. H. **Dicionário de conceitos históricos**.
São Paulo: Contexto, 2009.

Como mencionado no texto de apresentação deste livro, a devida compreensão e emprego dos conceitos são uma tarefa essencial para o historiador. Nesse sentido, o *Dicionário de conceitos históricos* representa uma obra relevante para a compreensão das mais diversas problemáticas historiográficas, ao propor definições claras e concisas para noções centrais no campo da história, sem perder de vista a complexidade delas. Abordando do absolutismo à violência, os verbetes presentes nesse dicionário congregam contribuições de diversos pensadores das ciências humanas, fornecendo entendimentos iniciais sobre tais conceitos e indicando um rol de leituras possíveis de serem feitas por aqueles que querem aprofundar seus conhecimentos sobre temas de seu interesse.

# Respostas

## Capítulo 1

### Atividades de autoavaliação
1. e
2. c
3. b
4. b
5. d

### Atividades de aprendizagem

Questões para reflexão
1. Para cumprir os objetivos da atividade, é interessante que você não se prenda às divisões institucionais que separam a cidade em bairros. Em vez disso, busque considerar elementos como a maior concentração de prédios, parques, bares ou casas noturnas e indústrias, além de outros critérios que possibilitem repensar a forma de compreender o espaço urbano.
2. A atividade pode ser desenvolvida com o auxílio da ferramenta Google Maps, que abre a possibilidade de observar a área rural de maneira ampla, inclusive com a opção de visualizar o relevo.

As informações sobre o solo, o clima e os gêneros cultivados podem ser obtidas em lojas especializadas em produtos agropecuários, bem como por meio de jornais ou de atlas econômicos e geográficos. A intenção dessa proposta é provocar sua curiosidade e um maior interesse pela região na qual você vive.

## Capítulo 2

### Atividades de autoavaliação

1. c
2. d
3. e
4. a
5. c

### Atividades de aprendizagem

#### Questões para reflexão

1. A proposta da atividade é que você reflita sobre um dos aspectos de sua região e seu impacto no cenário nacional. Você pode considerar a produção industrial, uma festa ou atração cultural que atraia o interesse nacional, a condição de sua região nos rumos políticos do país, entre outras possibilidades. As fontes para sustentar suas reflexões podem ser oriundas de diferentes tipologias – documentos oficiais, entrevistas, matérias de jornais, fotografias etc. –, desde que sejam escolhidas em prol da construção e do embasamento de seus argumentos.

2. Para cumprir os objetivos da atividade, é essencial que você exercite seu olhar crítico em relação ao meio no qual você está inserido e analise os ritmos do tempo e do espaço de sua região. Para tanto, você deve considerar os elementos que dão ritmo à realidade que o cerca, por exemplo: se o trânsito impõe

a aceleração do tempo e a demanda pelo rápido deslocamento no espaço ou se é lento; se o tempo é marcado pela indústria ou pelo campo; se as ruas são largas ou estreitas; se as pessoas se locomovem para locais distantes ou apenas entre cidades próximas.

## Capítulo 3
### Atividades de autoavaliação
1. c
2. e
3. c
4. d
5. a

### Atividades de aprendizagem

**Questões para reflexão**

1. Para realizar a atividade, é fundamental observar a região em que você mora considerando o que lhe é específico e o que tem origem no aspecto externo. Por isso, preste atenção ao gosto musical manifestado pelos habitantes da região, por exemplo, e busque analisar se a música é produzida por artistas locais, nacionais ou internacionais. O mesmo procedimento é válido para os produtos que são consumidos, para as relações de trabalho no interior do espaço regional e para suas relações com dimensões mais alargadas.
2. Para desenvolver a atividade, primeiro você precisará escolher um evento marcante da história de sua cidade. Para isso, poderá ser útl recorrer a uma pesquisa prévia a esse respeito. Depois de definir o acontecimento a ser analisado, pense em pessoas que possam estar relacionadas mais diretamente

a tal ocorrência e elabore um roteiro de entrevista no intuito de buscar meios de compreender os vínculos dos indivíduos selecionados com o fato ocorrido, suas opiniões e os possíveis impactos da política, economia, sociedade ou cultura local.

## Capítulo 4
### Atividades de autoavaliação
1. c
2. b
3. d
4. a
5. e

### Atividades de aprendizagem

#### Questões para reflexão
1. A fim de atender à proposta da atividade, você e os integrantes de seu grupo de estudo podem consultar o IDH das cidades de sua região no *site* Atlas desenvolvimento Humano no Brasil (disponível em: <http://atlasbrasil.org.br/2013/pt/>). Com base nesses dados e em notícias regionais sobre as condições de saúde, educação, atividade econômica, entre outras, vocês serão capazes de analisar a realidade socioeconômica que os cerca. A elaboração do relatório e a apresentação aos demais colegas de sala proporcionarão um debate mais alargado sobre as questões regionais, abrindo possibilidades para múltiplos entendimentos e opiniões.
2. Conforme apresentamos para o caso de estudo da cultura paulista na Seção 4.3, a atividade está voltada à sua reflexão sobre as formas de manifestação cultural presentes na região em que você vive. Procure observar a realidade que o cerca e propor interpretações sobre a presença de influências

internacionais ou nacionais no gosto musical e nos espetáculos teatrais ou *shows* que acontecem em sua cidade, bem como sobre a quantidade de jornais, o folclore e as tradições rurais ou religiosas. É essencial considerar esses e outros elementos quando se pretende estudar a cultura regional.

## Capítulo 5
## Atividades de autoavaliação
1. e
2. a
3. c
4. b
5. a

## Atividades de aprendizagem

**Questões para reflexão**
1. Ao longo de sua pesquisa, é importante que você dê atenção aos principais setores econômicos de Detroit – a indústria automotiva é um desses exemplos – e analise como eles foram afetados pela crise econômica de 2008 e pela desindustrialização em um contexto de economia globalizada. Observe como os efeitos da economia atingiram a sociedade, gerando desemprego, empobrecimento e marginalização social.
2. Voltando seu olhar para as soluções propostas por Detroit, é essencial que você compreenda como a população regional se uniu para pensar caminhos conjuntos que proporcionassem o crescimento econômico e a melhora da vida social de seus habitantes. São exemplos dessas medidas a revitalização dos espaços públicos e o investimento em mobilidade, sempre respeitando as especificidades da sociedade local.

*Carlos Eduardo Zlatic*

## Sobre o autor

**Carlos Eduardo Zlatic** é graduado e mestre em História pela Universidade Estadual de Maringá (UEM) e doutor em História pela Universidade Federal do Paraná (UFPR). É membro do Núcleo de Estudos Mediterrânicos (Nemed – UFPR) e desenvolve pesquisas nas áreas de história medieval portuguesa, história dos conceitos, história política e história da cultura.

Os papéis utilizados neste livro, certificados por instituições ambientais competentes, são recicláveis, provenientes de fontes renováveis e, portanto, um meio responsável e natural de informação e conhecimento.

**FSC**
www.fsc.org
**MISTO**
Papel | Apoiando o manejo florestal responsável
**FSC® C103535**

Impressão: Reproset